NW COAST OF AMERICA
ICONOGRAPHIC ALBUM OF THE
MALASPINA EXPEDITION

© Copyright by Museo Naval y Lunwerg Editores. 1991

Creación, diseño y realización Lunwerg Editores, S.A.
Reservados todos los derechos.
Prohibida la reproducción total o parcial
sin la debida autorización.

ISBN: 84-7782-140-2
Depósito Legal: B-4522-1991

Lunwerg Editores, S.A.
Beethoven, 12 - 08021 BARCELONA. Tel. (93) 201 59 33
Manuel Silvela, 12 - 28010 MADRID. Tel. (91) 593 00 58
Printed in Spain

NW COAST OF AMERICA
ICONOGRAPHIC ALBUM OF THE
MALASPINA EXPEDITION

A study by

María Dolores Higueras

Lola Higueras

Vancouver. Abril 1991

Museo Naval

PRESENTACIÓN

El *Álbum iconográfico de la Expedición Malaspina en la costa noroeste de América* representa una contribución española a la conmemoración de la llegada de dicha expedición a las costas del Pacífico de Estados Unidos y Canadá.

En él se recogen todos los dibujos que se encuentran en el Museo Naval y en el Museo de América al, que agradecemos profundamente su colaboración.

Esta amplia muestra, cuidadosamente realizada por la licenciada M.ª Dolores Higueras, permite hacerse una idea de la ingente labor que desarrollaron en campos muy variados del saber científico, los integrantes de esta importante expedición de la Marina ilustrada de finales del siglo XVIII.

Como director, es para mí un honor y una gran satisfacción presentar esta obra como aportación del Museo Naval a los actos organizados por el Museo Marítimo de Vancouver con motivo de la exposición «Enlightened: Malaspina and Galiano on the Northwest Coast, 1791-1792», que tendrá lugar desde enero hasta octubre de 1991 en el propio Museo Marítimo de Vancouver, en la Washington Historical Society de Tacoma y en el Canadian Museum of Civilization de Ottawa.

Vicente Buyo Couto
Contralmirante
Director del Museo Naval de Madrid

FOREWORD

The *Iconographic Album of the Malaspina Expedition to the Northwest Coast of America* is a Spanish contribution to the commemoration of that expedition's arrival at the Pacific coastline of the United States and Canada. It features all the drawings housed in the Naval Museum and Museum of America, which they have kindly contributed for this purpose.

Painstakingly compiled by Mª Dolores Higueras, this publication gives some idea of the huge undertaking in various scientific fields committed by members of this enlightened naval expedition in the 18th century.

In my capacity as director, it is a great honour and pleasure for me to present this work as the Naval Museum's contribution to the commemorative events held by the Maritime Museum of Vancouver at their exhibition, "Enlightened: Malaspina and Galiano on the Northwest Coast, 1791-1792," due to run from January to October 1991 at the Maritime Museum of Vancouver, the Washington Historical Society of Tacoma and the Canadian Museum of Civilization in Ottawa.

Vicente Buyo Couto
Rear-Admiral
Director of the Naval Museum of Madrid

THE MALASPINA EXPEDITION
POLITICS AND SCIENCE IN
THE SPAIN OF THE ENLIGHTENMENT

The Enlightened Navy

Dynastic change, the development of enlightened rationalism and newfound State politics led the Navy to again assert its prowess in the field of national scientific development.

Plans drawn up by Patiño, Ensenada and Valdés fuelled a highly comprehensive naval schedule covering areas that ranged from the scientific training of officers to the creation of a solid institutional infrastructure. Consequently, from 1717 to 1772, Cádiz saw the establishment of:

1.— The Academy of Midshipmen (1717).
2.— The Naval College of Surgery (1748).
3.— The Astronomical Observatory (1753).
4.— The School of Naval Engineers (1772).
5.— The Hydrographic Depot (1770), subsequently, The Hydrographic Bureau (1797).

This ambitious renewal scheme was rounded off by a concerted drive in naval construction, which led to the Royal Guarnizo Shipyards being rebuilt and the American shipyards of Guayaquil and Havana being renovated. Similarly, the Department of San Blas was set up as a springboard for Spain's final maritime expansion towards Alaska.

It was essential for the State to implement such an overhaul of the Navy in order to regain and reinforce its control over overseas administration, since a great threat to its vast empire was again being posed by sea.

In effect, the growing Russian, British and French presence in the Pacific called for immediate action to secure maritime control of the area running from the Magellan Strait to Alaska, while boosting the Spanish foothold in Polynesia and establishing alternative trade routes and new supply ports.

That explains why hydrographic surveying became a priority for the State. Large hydrographic commissions were set up both in Spain and the overseas viceroyalties and dependencies that charted the entire American coastline from Patagonia to Alaska, the Philippines and other archipelagoes in the Pacific.

The Navy's new development programme was to yield spectacular results. Resurgent naval construction and allied industries, scientifically trained officers and pilots, the founding of the Astronomical Observatory and, above all, the introduction of a course of 'higher studies' at the

Observatory in 1783, spawned a generation of brilliant scientific mariners, to a large extent grounded in our tardy Enlightenment in which the Navy played a decisive role, helping to shape a new mentality and acting as one of the strongest ties to Europe.

The Scientific Background and Voyage Plan

In the 18th century, Spain paid special attention to overseas scientific expeditions set up for the purpose of acquiring greater knowledge of the three natural kingdoms and their production. In addition to a better knowledge of animals, plants and minerals in the overseas territories, the expeditions acquired a wealth of documentation on the medicinal, industrial and commercial applications of such production.

In the second half of the 18th century, the Botanical Gardens of Madrid, through its curator, Casimiro Ortega, kept up an active correspondence with similar entities abroad and consignments to America and the Philippines of plants and seeds collected by naturalists on the various expeditions turned the aforementioned Gardens into one of the leading purveyors of new plant species.

Expeditions mounted in Spain for the purpose of collecting and studying American plants, prior to the end of the 18th century, culminated in the voyage of Humboldt and Bonpland (1799-1804), authorised by the Spanish Crown. The success of their undertaking, which was more fortunate than previous attempts as far as the publication of results was concerned, owed much to the endeavours of Spanish scientists and explorers that had gone before them.

Practically all scientific voyages and expeditions to the American continent in the 18th century were promoted and sanctioned by the Crown, coinciding with the century's two great reigns:

Under Charles II (1759-1788):

— Hispano-Portuguese Limits Expedition to the Orinoco (1754-1760).
  Naturalist: Pedro Löefling.
— Hispano-Portuguese Limits Expedition to Río de la Plata (1781-1801).
  Naturalist: Félix de Azara.
— Botanical expedition to New Granada (1783-1813).
  Naturalist: J.C. Mutis.
— Botanical expedition to Peru and Chile (1777-1787).
  Naturalist: Ruiz and Pavón.

Under Charles IV (1788-1808):

— Botanical expedition to the Philippines (1786-1805).
  Naturalist: Juan Cuéllar.
— Malaspina's world expedition (1789-1794).
  Naturalists: Antonio Pineda, Thadeus Haenke, Luis Née.
— Botanical expedition to New Spain (1795-1804).
  Naturalists: Sessé and Moziño.
— Mineralogical expedition to Chile and Peru (1795-1800).
  Naturalists: the Heuland brothers.
— Royal expedition by the Count of Mopox to Cuba (1796-1802).
  Naturalists: Baltasar Boldó and José Guío.

This colossal drive by the Spanish crown led Humboldt to remark: "No European government has invested larger sums to advance our knowledge of plants than the Spanish government. Three botanical expeditions — those in Peru, New Granada and New Spain — have cost the State some two million francs. All this research, conducted over a period of twenty years in the most fertile regions of the new continent, have not only enriched the realms of science with over 4,000 new plant species; it has likewise contributed widely to the spread of interest in Natural History among the country's inhabitants."

The Expedition — An Enlightened Enterprise

The intensification and reorganisation of maritime trade with America and the Philippines embarked on by Patiño, with the *Casa de la Contratación* ('Chamber of Commerce') being moved to Cádiz in 1717, and the setting up of the Caracas trading company in Guipúzcoa in 1728 and that of the Philippines in 1732, and the fact that Spain's Pacific trade was competing with the British, French and Russians, called for greater cartographic accuracy in charting coastlines. In the second half of the century, this led to major hydrographic commissions surveying Spain's coastlines and those of all its overseas possessions in America, the Philippines and archipelagoes in the Pacific and Oceania, their work being facilitated by the use of new chronometers for determining longitude.

BAUZA, Felipe. Dugout at Arica. America Museum, Madrid.

BAUZA, Felipe. Embarcación de Arica. Museo América. Madrid.

It was within this framework that the great expedition skippered by Alessandro Malaspina and José Bustamante y Guerra spent sixty-two months coasting the whole American seaboard from Buenos Aires to Alaska, in addition to that of the Philippine and Mariana islands, the Vavau archipelago, New Zealand and Australia.

Malaspina was the soul of that exemplary undertaking, which likewise drew on the participation of the leading officers at the time from the Academy of Midshipmen and, subsequently, the Astronomical Observatory's School of Higher Studies, officers trained in new scientific methods and skilled in the use of the new British chronometers for determining longitude.

This added to Malaspina's credit since, having free reign to choose his crewmen, he undoubtedly picked the very best — Bustamante y Guerra, as his second-in-command and the officers Tova Arredondo, Valdés, Alcalá Galiano, Quintano, Gutiérrez de la Concha, Viana, Robredo, Vernacci and Salamanca, later joined by Espinosa, Tello and Cevallos in Acapulco. All of them were accomplished astronomers and surveyors.

For drawing up nautical charts he chose Bauzá, the best cartographer at the time and with the same care and success he enlisted his chaplains, treasurers, surgeons, botanists and artists, exercising great caution when appointing pilots and helmsman's assistants. This was clearly the best guarantee of success.

The expedition, which drew on a wealth of material, technical and scientific resources, was decisively motivated by State reasons. In this respect, the expedition's goals were manifold, some of a political nature and others scientific. Chiefly, they involved:

1.— Establishing which ports were best suited to the Navy.
2.— Verifying the efficiency and safety of maritime trade routes and examining possible alternatives.
3.— Reporting on the defence works at harbours and along coastlines and the effectiveness of such fortifications against enemy attack.
4.— Ascertaining, as far as possible, the status of foreign settlements in the area, particularly of the British in Australia and the Portuguese in Macao.
5.— Charting, with utmost precision, the coastlines of America and Spain's other Pacific possessions in order to ensure safe navigation.

Apart from these eminently strategic objectives, the expedition had other, politico-administrative ones, too. The monarchy considered it equally important, for instance, to examine the politico-economic situation in the viceroyalties, both to determine the administrative and social climate and to assess the economic resources required to reorganise domestic trade and boost foreign trade.

Finally, the expedition also had some important scientific objectives, since an enlightened society with European leanings required great care and coverage for botanical and many other scientific studies. Knowledge of American plants, animals and minerals was unquestionably alluring to enlightened science and essential if scientists were to build up a definitive taxonomy of nature.

The abundant technical, human and financial resources made available to this expedition by the Crown is quite spectacular. There is no question that the State thereby aspired to a comprehensive understanding of the situation abroad and of the means required to ensure Spanish hegemony in the Pacific and administrative control of the empire.

THE MALASPINA EXPEDITION ON THE NORTHWEST COAST OF NORTH AMERICA IN 1791

The Background

When Malaspina and Bustamante submitted their politico-scientific voyage plan[1] to the king in September 1788, Spain had already embarked on intensive and extensive voyages of discovery north of California as far as Alaska. The foothold gained by the Russians on the north coast of America and the frequent British incursions in search of the coveted inter-oceanic 'passage' that would promote British trade in the Pacific had compelled the Spanish crown to bolster its naval presence on the northern seaboard to prevent these by now highly strategic territories being wrested from it. Gálvez's political acumen led to moves to drive northwards and found settlements on two fronts by land, setting up missions north of California, and by sea, creating the new maritime department of San Blas which, despite its numerous drawbacks and high maintenance cost, was vital to promoting and carrying through Spain's last great exploratory expansion in America, from California to Alaska.

CARDERO, José. View of the Monterrey anchorage. Naval Museum, Madrid.

CARDERO, José. Vista del fondeadero de Monterrey. Museo Naval. Madrid.

From the founding of San Blas by Gálvez in 1768 and up to the arrival of the Malaspina and Bustamante expedition in Mexico in 1791, several Spanish seamen had sailed to high northern latitudes from San Blas. The various expeditions sent by Gálvez had reached San Diego in 1769, Monterey in 1770 and San Francisco in 1774. In 1774, Juan Pérez reached a latitude of 54°40'N; Bodega, Cuadra and Mourelle, 58°30'N in 1775, and Artega, 61°N in 1779, among others.

In addition to claiming these territories for the Spanish crown, they had all furnished important geographical and hydrographic data on the coastline, as well as information on the Russian settlements in the northernmost reaches.

The Northwest Coast in Malaspina and Bustamante's Original Project

In their initial draft proposal submitted to the king in 1788, North America's northwestern coastline did not feature prominently in geographical terms, possibly because both officers were well aware of the concerted maritime drive under way from San Blas. As a result, other aims, such as reconnaissance of the Sandwich Islands, were accorded more geographical utility value, their coastlines being less well-known to Hispanic navigators. Hence, the inclusion of a voyage up the northwest coast in the original project responded to political and economic purposes rather than strictly geographical ones.

---

(1) *Plan de un viaje político y científico alrededor del mundo*, 10th September 1788. Naval Museum, Ms. 1826. Pages 1—55.

Thus, in 1788, Malaspina and Bustamante stated to the king: "Consequently, the record [of the voyage] should be divided into two parts, a public one also taking in the possible stock of curios for the Royal Museum and Botanical Gardens; the whole geographic and historical part. The other, reserved for political speculation which, should the government deem fit, could include the Russian settlement in California and the English ones at Botany Bay and Liqueyos, all points of trade and military importance...[2]"

Further on, when expounding their plan of operations, they reveal their intentions regarding the northwest coast more explicitly on asserting: "The year 1790 will be employed on the west coasts of America from Chiloé to San Blas," with the months of January to March 1791 being devoted to reconnoitring the Sandwich Islands, subsequently coasting off California "northwards between Asia and America as far as the snows permit and, after a stopover in Kamchatka (should the government be in accord), continuing on to Canton to sell otter skins for the seamen's benefit.[3]"

The plan put forward in 1788 makes no mention of exploring the famous 'passage' that was behind British and even Spanish endeavours at the time, although it does deal with strategic matters related to Russian settlements and the spread of the fur trade in the area. In fact, in January 1789,[4] Malaspina had requested of Valdés, "in utmost confidentiality," all published maps and documents concerning the Russian expedition to Kamchatka in 1734 and all printed matter or manuscripts as might be available in Paris regarding Russian voyages along the northern coasts of America. Valdés assigned this task to the Spanish Ambassador in Paris, the Count Fernán Núñez, who in February 1789[5] had set aside a list of works associated with the Russian voyages to be placed at the disposal of the Malaspina expedition which, in April that same year,[6] included an extract, likewise drafted in Paris, of La Pérouse's voyage from Manila to Kamchatka.

However, given the tentative and clearly political nature of such reconnaissance of the northwest coast contained in the voyage plan approved by the king in October 1788,[7] in a missive sent on 24th April 1789, when expeditionary preparations and arrangements were well under way, Malaspina asked Valdés[8] to specify the express purpose behind reconnaissance of the Californian and northwest coastline and whether they would have to reconnoitre the British settlements in New Holland, thereby seeking royal sanction for political and strategic aims Malaspina himself had proposed. Just two months later, in June 1789, the underlying reasons for the aforementioned reconnaissance changed, taking on a markedly geographical character. The turnabout was due to the discovery of a unique document an account of Ferrer Maldonado's voyage[9] in the Indies archive. The find was made by Espinosa while, on Malaspina's orders, he was copying documents that would be of use to the expedition.

Malaspina immediately sent word to Valdés on 9th June from La Carraca, stressing the value of that document[10] and requesting permission to notify the academies of London and Paris of its existence. On 30th June, Valdés[11] sent him royal permission to attempt to discover Ferrer Maldonado's passage in the course of his expedition, nevertheless warning him that it was the king's wish its existence should not be revealed to the Paris and London academies until such time as he was able to locate it.

(2) Naval Museum. Ms. 583. Pps. 5—7. (3) Naval Museum. Ms. 1826. Pps. 1—5. (4) Naval Museum. Ms. 583. P. 32v. (5) Naval Museum. Ms. 281. P. 25. (6) Naval Museum. Ms. 278. P. 44. (7) Naval Museum. Ms. 278. Pps. 6—6v. (8) Naval Museum. Ms. 583. P. 46. (9) In May 1789, Espinosa and Tello summarised a document housed in the Indies Archive from a copy made by J.F. Muñoz in the library of the Duque del Infantado, where the original account is now housed. See Naval Museum, Ms. 1777, Pps. 1—14. (10) Naval Museum. Ms. 583. Pps. 47v—48. (11) Naval Museum. Ms. 278. P. 53.

The Malaspina Expedition in Mexico — Further Royal Instructions

Following the fruitful sojourn in Panama and having again divided the expedition in order to boost the amount of scientific reconnaissance, off the Osa Gulf Bustamante received instructions from Malaspina[12] to head for Acapulco at once and from there to San Blas, while the *Descubierta* would continue its landfall at Realejo and then attempt to map the Central American coastline as far as Acapulco.

During that first landfall by the *Atrevida* in San Blas, between 30th March and 13th April 1791, on 5th April[13] Bustamante received sealed orders from the king[14] by registered mail ordering the expedition to verify the existence of the passage between the Pacific and the Atlantic sighted by Ferrer Maldonado, reconnaissance, as seen earlier, Malaspina had proposed to Valdés in June 1789. Together with his directions, the king enclosed the report testifying to the existence of that passage which had been read out to the French Academy on 13th November 1790. That day, 5th April 1791, Bustamante noted in his diary.[15]

"Although H.M. had left to Malaspina's discretion the fulfilment of the Northern campaign, it was now his royal will to verify it for that purpose (to validate Ferrer Maldonado's passage) and in the presence of this document (the report delivered by Buache)."

Meanwhile, held up by calms off the Central American coast, Malaspina was forced to delay his arrival in Acapulco —first intended for 20th February 1791— until 27th March, when the *Descubierta* finally made land in that harbour.

Still in San Blas at the time, Bustamante knew nothing of what had happened to Malaspina, for which reason he notified the viceroy Revillagigedo of his intention to carry out the reconnaissance ordered by the king on his own, the expected reunion not having taken place in order to do so jointly.

Unaware of the new and explicit royal instructions concerning the northern campaign, on his arrival in Acapulco on 27th March, Malaspina sent word to Viceroy Revillagigedo and to Valdés[16] of his decision to call off the northwestern campaign and instead reconnoitre the Sandwich Islands, since the delay of nearly a month caused by persistent calms in Central American waters had prevented him from conducting both exploratory voyages as scheduled in the original plan.

However, a few days after his arrival and by the time he was in Mexico city, Malaspina received the new royal orders Bustamante had sent by express mail from San Blas. In response, Malaspina summoned Bustamante to an urgent meeting of the two corvettes in Acapulco prior to setting off definitively on the proposed northwestern campaign during the following months.

The meeting took place on 20th April 1791. Besides the royal instructions and Buache's report, Bustamante brought with him some important geographical and cartographic information from the San Blas Department concerning recent Spanish voyages in the area. Such valuable documentation, added to what Malaspina had compiled[17] in Mexico with the assistance of the viceroy, provided the imminent campaign with an invaluable wealth of information on the 'state of affairs' at the time.

(12) Naval Museum. Ms. 427. pps. 71v—73. (13) Bustamante y Guerra's diary. Ministry of Foreign Affairs Archive. Ms. 13. (14) The royal orders were dated 23rd December 1790, hardly a month after Buache had read out his report in the Paris Academy. (15) Ministry of Foreign Affairs Archive. Ms. 13. P. 111v. (16) Naval Museum. Ms. 583. P. 83v. (17) Naval Museum. Ms. 280. Pps. 85—86v.

Malaspina used that information intelligently to draw up a campaign plan with Bustamante and Bodega y Cuadra. On 15th April,[18] from San Blas the latter had sent Malaspina a specific proposal on the most suitable course for the corvettes in their drive north of California. The document in question was of great value, considering Bodega's wealth of knowledge and first-hand experiences, to, as Malaspina put it, "dispel the doubts we harboured until today and establish an accurate plan of it (the north coast of California)."

Plan for Reconnoitring the Northwest Coast in the Descubierta *and* Atrevida

Before leaving for the north coast of California, Malaspina formed new "separate commissions" in the fields of astronomy, the natural sciences and physical and political history in order to adapt those fields to the best advantage in the rich environment of New Spain. To this end, he arranged for part of the crew to remain in Mexico, under the auspices of the viceroy, divided into two parties:

For geography and astronomy, Alcalá-Galiano, Arcadio Pineda and Martín Olavide would go ashore, while Manuel Novales would do likewise in order to recover from his illness. This commission, equipped with suitable instruments and precise instructions,[19] was assigned the task of structuring astronomical findings from the campaigns conducted to date and new measurements to be sent from New Spain. The party was placed under the command of Galiano, Arcadio Pineda being in charge of compiling documents for drafting the physico-political report on the viceroyalty.

The natural history party comprised the naturalist and head of the commission, Antonio Pineda, the botanist Luis Née, the artist Guío and the clerk, Julián del Villar. Also bearing precise instructions from Malaspina,[20] this commission explored large areas of New Spain as far as Guanajuato, yielding magnificent results in the botanical, zoological and lithological studies conducted on the territory.

As for the northwest campaign, the corvette crews were designated on 23rd April as follows:[21]

On the *Descubierta*:
Malaspina, Espinosa, Valdés, Quintano, Vernacci, Salamanca and Bauzá as senior officers. The pilots were Maqueda, Sánchez and Delgado; the naturalist, Thadeus Haenke and the paymaster, Arias. José Mesa was the chaplain and Flores the surgeon. Also on board the *Descubierta* was the new artist, Suria, from the Mexico Academy, who had been assigned to the expedition by the viceroy, as the Italian painters originally commissioned for that purpose, Brambilla and Ravenet, had not yet arrived.

On the *Atrevida*:
The senior officers, Bustamante, Tova, Concha, Robredo, Cevallos, Viana and Ali Ponzoni. Murphy, Inciarte and Hurtado, the pilots; as paymaster, Ezquerra, with the chaplain, Añino and the surgeon, González.

(18) Naval Museum. Ms. 332. Pps. 167—173v. (19) Naval Museum. Ms. Pps. 77v—80. (20) Naval Museum. Ms. 427. Pps. 75—77v. (21) Naval Museum. Ms. 610. Pps. 279—279v.

On 30th April 1791 Malaspina sent Bustamante instructions[22] for the following campaign which involved verifying the existence of Ferrer Maldonado's passage and the continuation of hydrographic surveys in the area. They included Malaspina's intention to sail straight to latitude 60°N: "hard by the east coast of Alaska, towards Cook's River. For a description of the coastline, the chart to be used is the one given to you in San Blas by captain Juan de la Bodega and for the astronomical bearing of the same points, the chart used on Captain Cook's third voyage.[23]" Further on in the instructions, he states:

"In dealings with the natives, which for progress in physiology and natural history we are bound to seek effectively; [...] with the Russians and vessels of any nation that may be present at those latitudes for the purpose of or on the pretext of fishing, we should endeavour to ensure both the utmost congeniality and safety," although he goes on to say that "we should see to it not the slightest news of our reconnaissance is publicised."

CARDERO, José. Entrance to Port Nootka and Mt Tahsis on its discovery. Naval Museum, Madrid.

CARDERO, José. Vista de la entrada y Puerto de Nutka y el monte Tasis al descubrirlo. Museo Naval. Madrid.

Should the vessels lose sight of each other, he mentions the ports of Valdés or Revillagigedo as rendezvous points as on Bodega y Cuadra's chart. He warns Bustamante of the serious hazard of terrible whirlpools set up by ebb tides that caused La Pérouse to lose two vessels in the narrow northernmost channels. Finally, after urging him to conduct exhaustive research, he adds: "Any fairway similar to or different from those described by Ferrer Maldonado may provide a glimmer of hope regarding the existence of the passage." He orders him to call off reconnaissance by the first of September, this being the deadline for sailing back safely towards the Californian coast, and recommends the same discipline and work procedures as applied on previous campaigns.

Malaspina's definitive reconnaissance plan is set out at length in his missive to Bustamante on 21st May 1791,[24] which included a chart showing the stretch of coastline to be reconnoitred and on which major exploratory features were to be marked. Concerning place-names, Malaspina[25] says: "The rights of first discoverer have prevailed when designating points along the coast and they will continue to govern logbook entries so as to avert any of the confusion hitherto arising for not being aware of one another."

In the same missive he enclosed six plans of places explored during the 1775 and 1779 expeditions from San Blas, Lope de Haro's sailing directions in the vicinity of Alaska and a glossary of terms in the Indian languages of Nootka and Prince William.

(22) Naval Museum. Ms. 427. P. 83—84. (23) Malaspina's instructions to Bustamante on 30th April 1791. Naval Museum. Ms. 427. P. 83v. (24) Naval Museum. Ms. 427. Pps. 89—90. (25) Naval Museum. Ms. 427. P. 89.

Finally, he provided accurate details of the reconnaissance plan and advisable sailing course: "A more thorough analysis of previous voyages leads me to advise preferential exploration from east to west as the winds commonly blow from NE to SE." At this point he explains where to rendezvous in the event of being blown off course; not in the Cook estuary as he had previously stated but at Mulgrave (according to Dixon's chart), a harbour more suited to taking on water and firewood.

He states that the main reconnaissance area should be between this port (Mulgrave) and Cape Fairweather, principally around Bering Bay. "It is my intention," writes Malaspina, "to make an approach at this cape, if the winds permit."

For subsequent operations, he continues: "you should remember that our attention must be drawn mainly to two points after having completed initial research confined to the area between Cape Fairweather and the Prince William Sound, to wit, the inlets shown on Quadra's chart as Colnett point and the Ezeta estuary.[26]"

As for the return voyage to Acapulco, he again urges him to sail back in time to ensure safe navigation which would not force him to winter at perilous latitudes and marks 'in all certainty' the latitude and longitude of Cape Mendocino, Monterey and Cape San Lucas on his course towards Acapulco.

Malaspina thus drew up his plan realistically, on the basis of a wealth of information from reconnaissance by Dixon and the Spanish sailing from San Blas —far more detailed than what Cook had had available to him. In this respect, he ruled out the possibility of thoroughly exploring the Prince William Sound, because, as he remarks:[27] "This gulf was painstakingly examined the year before by Salvador Fidalgo," as was the Cook estuary, in which "the aforementioned Russians could neither be unaware of nor conceal the existence of a connecting channel," had there been one in those latitudes. For this reason he considered it more useful to reconnoitre the proposed coastline, particularly bearing in mind Cook had sighted it from afar and was therefore unable to explore or study it in detail. Hence, according to Malaspina,[28] to reconnoitre and study it would be "as useful to geography as honourable to the expedition."

Developments during Reconnaissance of the Northwest Coast

The same document subsequently includes a most interesting and as yet unpublished account by Gutiérrez de la Concha, written on his return to Acapulco on board the *Atrevida* on 17th October 1791. It describes all the major developments of the campaign and it is therefore unnecessary to dwell on this point. For readers' benefit, however, it is worth including a concise chronology featuring the most significant events of the expedition:

June 22nd to 27th. — Bering Bay.
June 27th to July 5th. — Port Mulgrave.
—Exploration of Cape Philips and Port Mulgrave islands.
—Discovery of Puerto Desengaño.
—Reconnaissance of Yakutat Bay.

---

(26) Information on these inlets suggested they were navigable. In the case of Colnett, Martínez had sailed a schooner there in 1789, while the Englishman Etches declared having sailed up the latter in 1788 and having discovered a large gulf. (27) Malaspina's missive to Viceroy Revillagigedo from San Blas. Naval Museum. Ms. 583. P. 88v. (28) Naval Museum. Ms. 427. P. 90.

July 6th to 9th. — Port Mulgrave to Prince William.

—Reconnaissance of Cape Suckling and Controller Bay.

—Reconnaissance of Kayes Island, Mouth of the Prince William Sound and Port of Santiago.

July 11th to 15th. — Strong winds.

July 16th. — Coastline between Cape Cañizares and Arcadio Point.

—Kayes Island turns out to be a peninsula.

July 16th to 26th. — Anchorage in the vicinity of Saint Elias.

July 26th. — Exploration of the coastline marked by Buache as the mouth of the Anian (Bering) Strait.

July 31st. — Cabo San Bartolomé.

August 1st. — Winds forestall reconnaissance of the San Lázaro archipelago.

ANONYMOUS. Chief of Mulgrave accompanied by other canoes making peace with the Corvettes. Naval Museum, Madrid.

ANONIMO. El cacique de Mulgrave acompañado de otras canoas pide la paz a las corbetas. Museo Naval. Madrid.

August 5th. — Hurricane.

August 14th to 16th. — San Lorenzo de Nutka (Nootka).

August 18th to 26th. — Reconnaissance of inland channels at Nootka.

August 27th to September 11th. — Bound for Monterey.

September 12th to 26th — Sojourn in Monterey.

September 27th to October 6th. — Monterey to Cabo San Lucas.

October 6th. Descubierta: San Lucas — San Blas — Acapulco.

October 6th to 16th. *Atrevida*: San Lucas — Acapulco.

Results of the Northwest Reconnaissance Campaign[29]

The clearest assessment of the outcome of this campaign appears in a letter Malaspina sent to Bailío Valdés[30] on 12th October 1791 from San Blas, during the return voyage to Acapulco. After summarising the course steered in the first few months of sailing, Malaspina remarks: "By 28th July we could consider H.M.'s orders fulfilled when, finding ourselves opposite Mt Fairweather, we were certain that from here to Prince William Sound there was not even a medium size river on the seaboard, and that the range running inland left not the slightest hope of a gap.[31]"

(29) For details on the wealth of surviving documentation, see Higueras Rodríguez, María Dolores: *Catálogo crítico de los documentos de la Expedición Malaspina (1798-1794) en el Museo Naval*, 3 vols. Madrid, 1985-1990. (30) Naval Museum. Ms. 583. Pps. 88v—89v. (31) Naval Museum. Ms. 583. P. 89.

Attached to this report, Malaspina sent a chart of the areas reconnoitred which, he asserts, enabled the coastline to be surveyed much more accurately, although he excludes Bering Bay, which Cook mislocated on his chart, as well as the passage between the mainland and Kaye Island, which the expedition ascertained to in fact be a peninsula. He likewise affirms that the new islands of Galiano and Triste at the mouth of Prince William Sound have been included. He goes on to say that they carried out thorough surveys of Port Mulgrave and the adjoining islands, as well as Puerto Desengaño, an inlet sighted in the vicinity, in order to render them safer and more familiar for future voyages.

Malaspina considers outstanding findings of the voyage to be the gravity experiments conducted with a simple pendulum at latitude 59°34', botanical and lithological studies carried out by the naturalist Thadeus Haenke and the reconnaissance at Nootka, where they stayed for fifteen days, the longest stopover in the expedition. Of the studies committed during that period, Malaspina highlights the simple pendulum experiment, the exploration of inland waterways and the wealth of information compiled regarding the religion, laws and customs of indigenous peoples, whom he stresses had been treated most peacefully at all times. He likewise drew attention to the important documentation compiled for the Royal Museum and the drawings by Tomás Suria, intended to illustrate, according to Malaspina, "everything in the historical account of the voyage which for the sake of elucidation warranted the use of the burin.[32]"

Concerning the names shown on the chart, Malaspina explained to the minister: "To some extent they adhere to the names used by Captains Cook and Dixon, but have been altered whenever our own navigators had christened them at about the same time and wherever the place in question had not been thoroughly reconnoitred.[33]"

These were clearly important findings which, once merged with others reported by commissions in New Spain, generated the expedition's leading consignment of information sent to the Court.[34]

But they were not the only findings from the expedition's stay in New Spain. Besides the prolific cartographic surveys and the plethora of land and sea diaries and logbooks, botanical, lithological and ethnographic studies, as well as those on the climate and fauna, a wealth of documentation was compiled for the political report on New Spain and the 'Inland Provinces' regarding the state of missions and the activity and position of domestic and foreign trade,

CARDERO, José. View of Cape Mendocino, bearing 44° N by E. Naval Museum, Madrid.

CARDERO, José. Vista del cabo Mendocino demorando su marcha al N 44° E. Museo Naval. Madrid.

(32) Naval Museum. Ms. 583. P. 89v. (33) Naval Museum. Ms. 583. P. 89. (34) See Naval Museum. Ms. 92 bis. Pps. 83—87v.

communications and demographic evolution. Major studies were committed on mining camps and their mining methods, while the scientific and academic institutions, archaeological antiquities and town planning of the huge viceroyalty were similarly researched.

It was on the basis of that exhaustive information collected during the expedition's stint in New Spain that Malaspina drafted some highly valuable reports, including a political account of the northwestern coasts,[35] one dealing with its geophysical description,[36] another report on the otter fur trade[37] and the uniquely valuable *Reflexiones sobre un puerto en la costa occidental de la Nueva España para reunión de las fuerzas navales en el Pacífico* ("Reflections on a rendezvous port on the west coast of New Spain for Pacific naval forces").[38] This vitally important account had a decisive influence on the Department of San Blas being transferred to Acapulco, since in it Malaspina draws the viceroy's attention to the high cost involved in naval construction at San Blas and the unsalutary living conditions for settlers there. Above all, however, he provides a comprehensive analysis of the poor hydrographic conditions at San Blas and the problems they would pose in taking it in the various seasons, and points out the shallow seabed being inadequate for the Philippines trading vessel to berth and the formidable hazards for refitting and repair work in an emergency. Malaspina proceeds then to describe the advantages of Acapulco, which he likens to the benefits the Bombay bases offered to the British at the time, or Batavia to the Dutch and Isle de France to the French. In short, he puts

forward shifting the San Blas Department to Acapulco as the only suitable option that would put Spain's Pacific vessels on an equal footing with those of the other nations.

The Sutil *and* Mexicana *Commission and its Reconnaissance of the Inland Fuca Canals in 1792*

This *Iconographic Album of the Malaspina Expedition to the Northwest Coast of America* also features illustrations by José Cardero executed during reconnaissance of the Strait of Juan de Fuca in 1792 by Galiano and Valdés in the schooners *Sutil* and *Mexicana*. The clear-cut reasons for such exploration are set out in the following:

(35) See Naval Museum. Ms. 92 bis. Pps. 83—87v. (36) Naval Museum. Ms. 633. Pps. 73—96v. (37) Naval Museum. Ms. 335. Pps. 57—62v. (38) Naval Museum. Ms. 336. Pps. 5—10v.

The commission was made up of officers from the Malaspina expedition and was officially sanctioned by the viceroy[39] as an offshoot of the same, with instructions from Malaspina and resources drawn from those allotted to the original expeditionary force.[40] The commission had first been considered by the viceroy and the Court and, once it had concluded, its members returned to the Court and rejoined the group of officers posted to Madrid by Malaspina for the purpose of putting the final touches to the overall account of the voyage,[41] which included the exploration conducted by Galiano and Valdés in the *Sutil* and *Mexicana* as an integral part of the expedition.

Malaspina's subsequent trial prompted Galiano and Valdés to later present this voyage as separate from the main expedition, thus rescuing it for public cognisance, while general seizure of the rest of the material concerning the great voyage of the Enlightenment had been ordered by Godoy. Consequently, it was finally published by the Royal Printing Press in 1802, by which time José Espinosa y Tello had been appointed Director of the Hydrographic Bureau.

It therefore seems appropriate to bring together the illustrated material from both campaigns —that of 1791 in the corvettes *Descubierta* and *Atrevida* and the one in 1792 to the Strait of Juan de Fuca in the schooners *Sutil* and *Mexicana*. That is only way the great project of the Enlightenment could be considered complete, while adhering strictly to the initial project by Malaspina for overall publication of the voyage.

(39) See Naval Museum. Ms. 610. Pps. 1—7v. (40) See Naval Museum. Ms. 583. P. 100. (41) See *Malaspina. Discurso preliminar*. Naval Museum. Ms. 314. Pps. 131—146.

CARTOGRAPHY

CARTOGRAFIA

D.N JUAN GUT.Z DE LA CONCHA MUERTO EN 1810 SIENDO GOBERNADOR DE LA PROVINCIA DE CORDOVA DEL TUCUMAN

Juan Gutiérrez de la Concha died in 1810 when Governor of the province of Córdoba de Tucumán.

Juan Gutiérrez de la Concha murió en 1810 siendo Gobernador de la provincia de Córdoba de Tucumán.

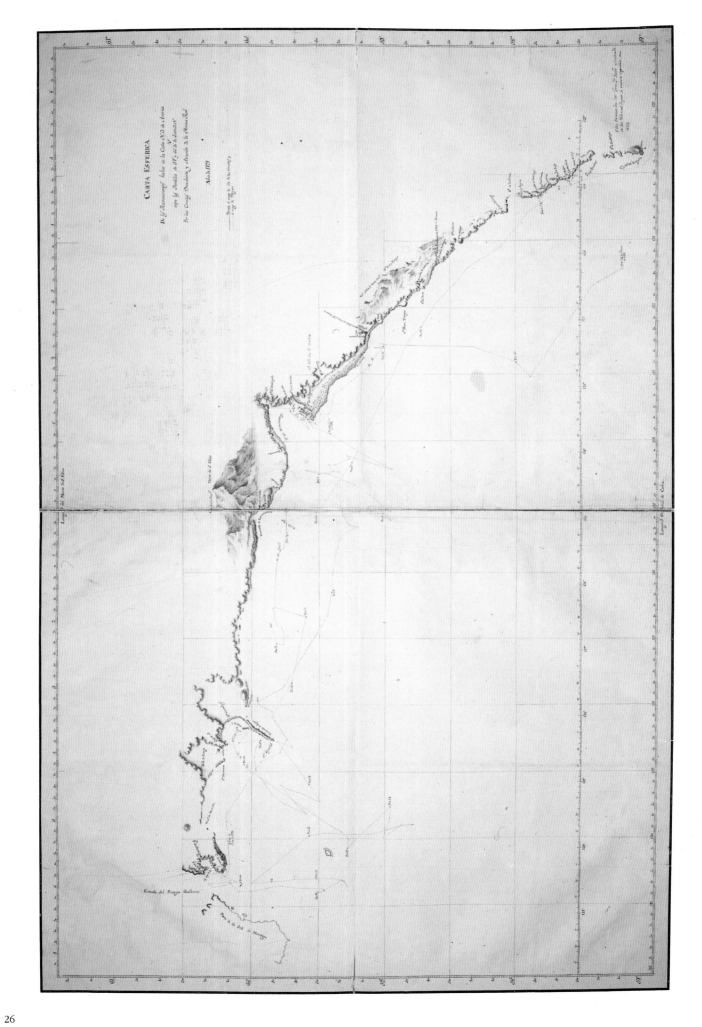

26

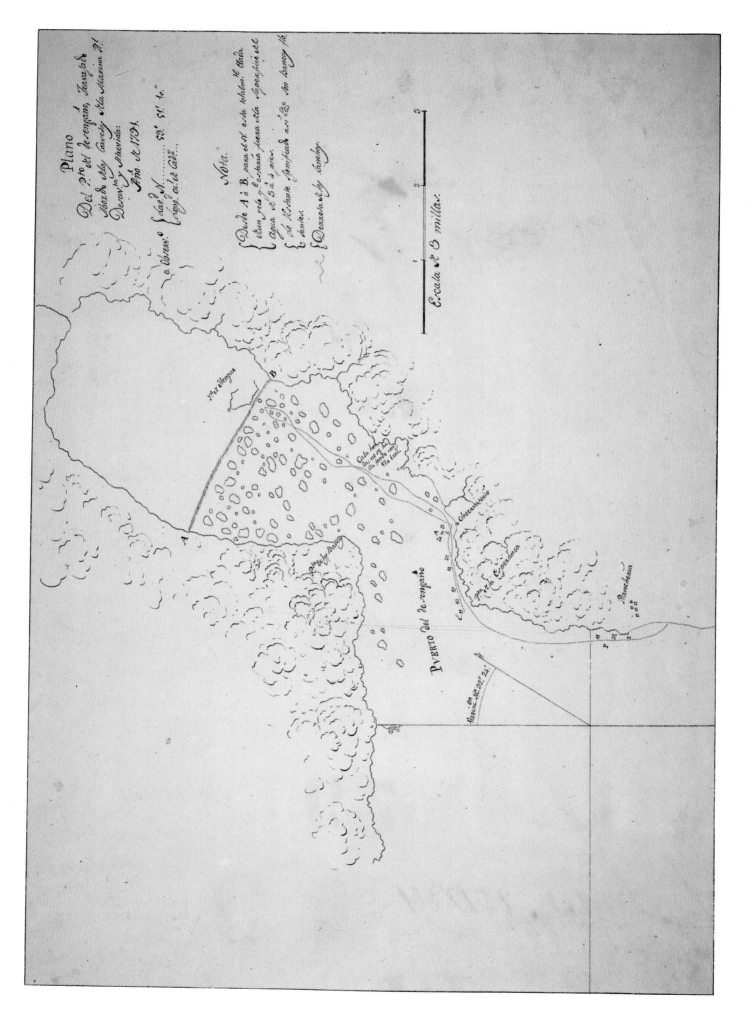

Boca de Arestchaval.

Punta de Fova

Fondo del Cuexoo

Fondo de Gazis

Bahia de Buena Esperanza

Y.ª de Mazarredo

Fondo de Clupananul

P.to de S.n Lorenzo de Nuca.
Con Observacion Astronomica.

Fondo de Guicananich.

pta del Baso

Archipielago   de Clayocuat

pta. de S.n Estevan

Isla de Florez

Bocas de S.n Bonifacio

Seno de Guemes

Seno de Pervote

P.to de S.n Rafael

H.o Caudaloso

Boca de Saaveîra

Canal de poca agua

Archipielago a

Boca de Cañaveral

P.ta de Ferron

Plazer

P.to Clayocuat

P.to de N.ra S.ra de los Angeles.

P.to de Clayocuat.

Varias.n N.E. 17.º 15.'

1.ra milla

1.ra milla

Varias.n N.E. 16.º 48.'

B.ª de Buena
Esperanza

Varias.n N.E. 18 gr.

2 millas

P.to de la S.ta Cruz de Nuca

A. Castillo de S.n Miguel
B. Casa del Comandante
C. Casa del Capitan de la Tropa
D. Quartel de Tro.
E. Casa de los Sargentos
F. Hospital y Almacen de Provees.
G. Galeon de los Pertrechos de la Fragata
H. Horno de Pan.
Y. Carpinteria y Herreria
J. Huertas del Comandante
K. H.m del Capitan de la Tropa
L. Camino que dirige à la Laguna
M. Banco de Arena
Nota.
Ses num.n de la Sonda son bra.s de 6 P.es Ingl.

Varias.n N.E. 17.º 30.'

P.to de S.n Rafael

Varias.n N.E.

2 millas

Longitud   Occidental   del   Meridiano   de   San   Blas

22   23   2 o

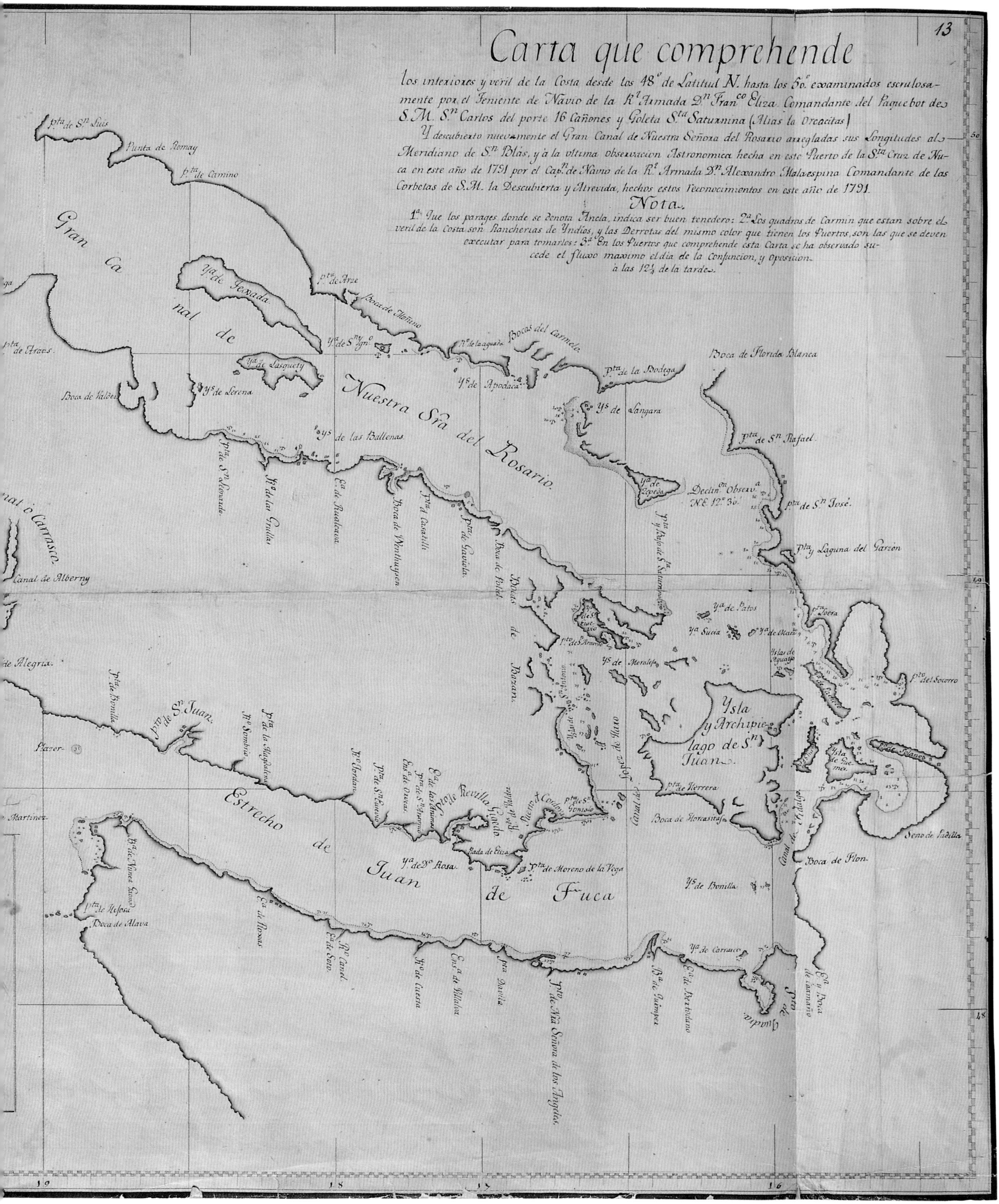
13
Carta que comprehende
los interiores y veril de la Costa desde los 48° de Latitud N. hasta los 50° examinados escrulosamente por el Teniente de Navio de la Rl. Armada Dn. Franco. Eliza Comandante del Paquebot de S.M. Sn. Carlos del porte 16 Cañones y Goleta Sta. Saturnina (Alias la Orcacitas)
Y descubierto nuevamente el Gran Canal de Nuestra Señora del Rosario arregladas sus Longitudes al Meridiano de Sn. Blas, y à la ultima observacion Astronomica hecha en este Puerto de la Sta. Cruz de Nuca en este año de 1791 por el Capn. de Navio de la Rl. Armada Dn. Alexandro Malaespina Comandante de las Corbetas de S.M. la Descubierta y Atrevida, hechos estos reconocimientos en este año de 1791.
Nota.
1a. Que los parages donde se denota Ancla, indica ser buen tenedero: 2a. Los quadros de Carmin que estan sobre el veril de la Costa son Rancherias de Yndios, y las Derrotas del mismo color que tienen los Puertos, son las que se deven executar para tomarlos: 3a. En los Puertos que comprehende esta Carta se ha observado sucede el fluxo maximo el dia de la Conjuncion, y Oposicion à las 12¼ de la tarde.
Gran Canal de Nuestra Sra. del Rosario
Estrecho de Juan de Fuca
Ysla y Archipielago de Sn. Juan
Canal de Alberny
Punta de Romay
Boca de Florida Blanca
Yslas de Sangara
Pta. de Sn. Rafael
Pta. de Sn. José
Pta. y Laguna del Garzon
Ya. de Patos
Ya. Sucia
Pta. del Socorro
Seno de Padilla
Boca de Flon
Ys. de Bonilla
Ya. de Carrasco
Boca de Alava
Canal de Lopez de Haro
Boca de Horcasitas
Pta. de Herrera
Pta. de Moreno de la Vega
Ya. de Da. Rosa
Rada de Eliza
Boca de Bazan
Ys. de Morales
Ya. de Cepeda
Ya. de Texada
Ya. de Lasqueti
Ys. de Lerena
Ys. de las Ballenas
Ys. de Apodaca
Boca de Valdes
Pta. de Arze
Boca de Moñino
Bocas del Carmelo
Pta. de la Bodega
Pta. de Sn. Juan
Pta. de Camino
Pta. de Sn. Luis
Pta. de Nra. Señora de los Angeles
19
18
17
16
48
50

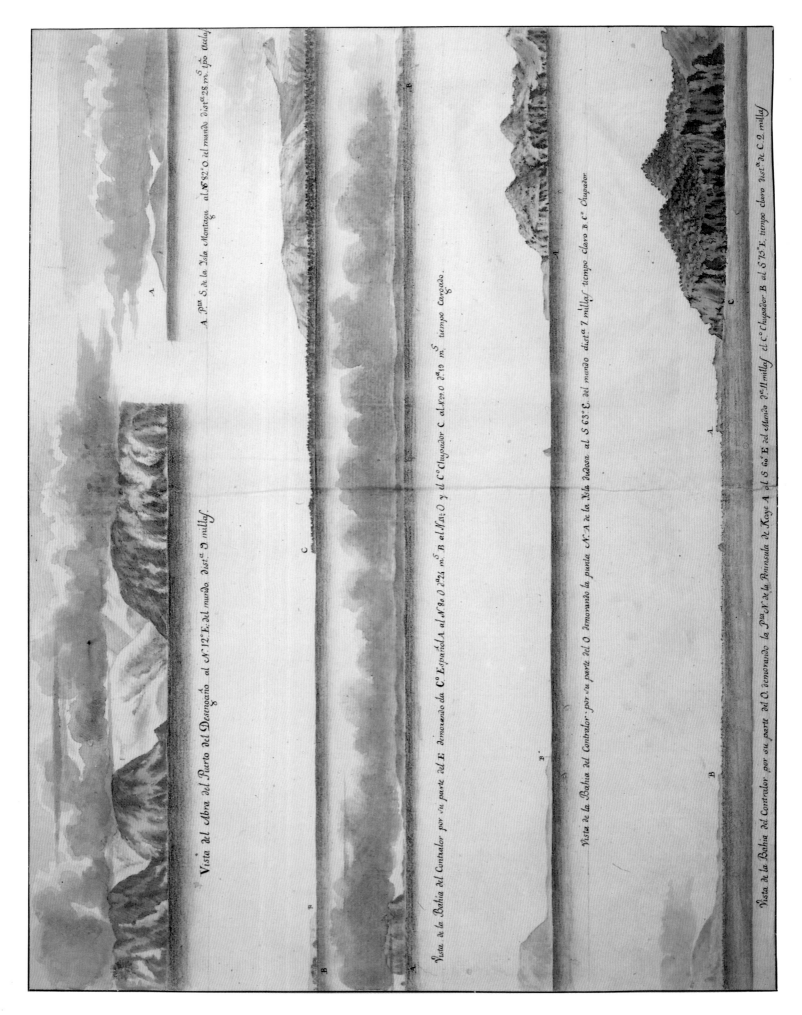

Vista del Abra del Puerto del Desengaño al N 12° E. del mundo dist.ª 9 millas. A Pta S. de la Ysla Montagu al N 82° O el mundo dist. 28. m. tpo Nuda

Vista de la Bahia del Contralor por su parte del E demorando la Cº Español A al N 9 o 2 24 m. B al N 52 O y el Cº Chupador C. al N 20 O 2 19 m. tiempo Cargado

Vista de la Bahia del Contralor por su parte del O demorando la punta N A de la Ysla Dedosa al S 63° E. del mundo dist.ª 7 millas tiempo claro B Cº Chupador

Vista de la Bahia del Contralor por su parte del O demorando la Ptª N de la Peninsula de Kaye A al S 46 E del mundo 2 11 millas el Cº Chupador B al S 75 E. tiempo claro dist.ª de C 2 millas

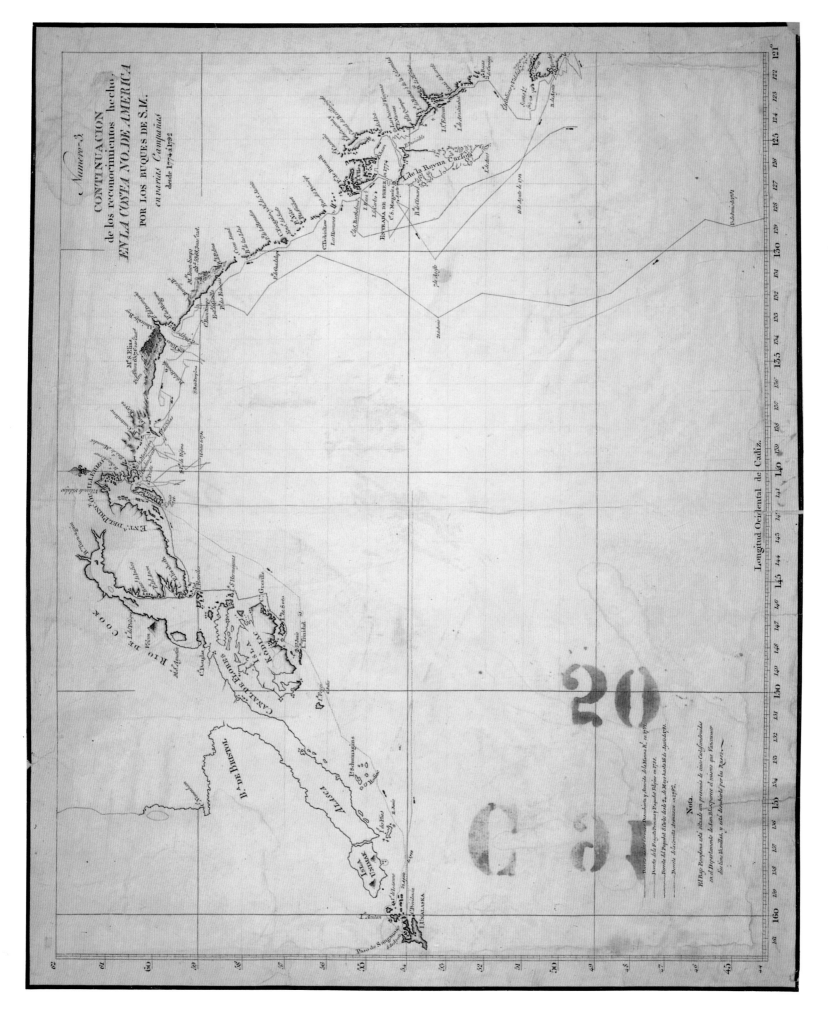

EXTRACTO DE LOS SUCESOS ACAECIDOS EN EL RECONOCIMIENTO DE LA COSTA NOROESTE DE AMÉRICA EN 1791 POR JUAN GUTIÉRREZ DE LA CONCHA, OFICIAL DE LA CORBETA ATREVIDA*

El que conozca las relaciones de lugar entre la Europa, la América y el Asia, concebirá cuánto abreviaría los viajes a las Indias Orientales y a nuestras colonias sobre el mar del Sur un paso que, siendo practicable a la navegación, engarzase el océano Pacífico y el mar Atlántico del norte, paso cuya importancia demuestran bien los esfuerzos que desde el siglo xv han hecho por su descubrimiento casi todos los pueblos comerciantes de Europa, y cuya existencia, evitando el dilatado y penoso rodeo del cabo de Hornos, daría justas y bien fundadas inquietudes a los señores del nuevo mundo.

Los holandeses, obligados por Felipe II a extender la esfera de su comercio y buscar en su propio origen los preciosos frutos de las Indias, costearon algunas expediciones para abrirse nuevos caminos al oriente; expediciones que se hubieran repetido en beneficio de la geografía si Hotman no facilitase con sus noticias la navegación conocida y frecuentada de los portugueses.

Los rusos, los suecos, los daneses, singlando al este por el norte de la Samoyeda o Tartaria Rusa, hicieron también sus tentativas más o menos repetidas a proporción de sus fuerzas y sus esperanzas; por la Gran Bretaña debe mirarse como el teatro donde tuvo principio la opinión del pasaje por el NO., donde sufrió más constataciones su existencia y donde al propio tiempo se multiplicaron más los trabajos para la solución de este importante problema. Aquel pueblo sabio y profundo a quien la navegación moderna debe casi por entero el estado de perfección en que se halla y donde todas las artes y todas las ciencias parece que han tocado los últimos términos de la capacidad humana, llegó a ser por sus circunstancias políticas el más interesado en la existencia del estrecho, por el cual no se proponía como único y sólo objeto facilitar la navegación al Asia. Las costas que debían formarlo se suponían pobladas y fecundas en producciones preciosas y se miraba como un medio seguro a dilatar su tráfico y como un nuevo origen de riquezas. Después de las famosas correrías de Drake, tal vez se juzgaron en Londres las tierras de la Nueva Albión como las más propias para mantener colonias florecientes y no faltaron algunos que dando un asenso indebido a las relaciones de Hontan y otros viajeros, creyeron la existencia de aquellos pueblos felices que hacían de la plata el mismo uso que nosotros del cobre y los metales más viles. Por inciertos y aún por imposibles que sean ciertos hechos, se adoptan con gusto y sin examen cuando lisonjean el orgullo y la codicia de los hombres.

La historia de los viajes que ha ocasionado la inquisición del paso por el NO. de la Europa es una historia inmensamente superior a nuestras fuerzas y excedería de todos modos los límites de un extracto, pero dirigiéndose nuestras operaciones de esta campaña a la propia investigación, no se pueden leer con disgusto algunos nombres de los muchos navegantes que nos precedieron en la carrera. Hablaremos de ellos con la concisión imaginable y en cuanto baste para manifestar los fundamentos con que se ha querido persuadir en los últimos días la existencia del estrecho de Anian.

Museo Naval, Madrid. Ms. 92 bis. Folios 90-100. La fecha del documento, firmado en Acapulco, es 17 de octubre de 1791.

La idea de llegar a las Indias orientales sin doblar el cabo de Buena Esperanza cuenta en España una remota antigüedad, pero Juan Caboto fue sin contradicción el primer viajero que con un designio formal emprendió buscar este paso. Se hizo a la vela de Bristol en 1497 y habiendo reconocido alguna parte de la costa del Labrador, volvió a Inglaterra sin noticias que adelantasen la navegación del occidente, pero con el honor de haber sucedido a Colón en el gran descubrimiento de América.

Después de Caboto se presentaron sobre la escena los españoles, no habiendo nada más auténtico que los viajes de Gaspar Cortés en 1502 y de Esteban Gómez en 1524; pero estos navegantes añadieron realmente muy poco a las noticias anteriores. El año de 1523, uno antes del viaje de Gómez, se hizo otra tentativa de los puertos de Nueva España, debida a la generosidad y a la providencia de Fernando Cortés, y cuyo suceso fue reconocer la isla de Terranova, el canal que la separa del continente y algunos lugares de este mismo continente hacia La Florida.

El que tenga noticia de la gloriosa emulación con que en la edad de Carlos V se prestaban los españoles a todo género de empresas, de su furor por las conquistas de ultramar, y todo lo que tenía el sello de lo grande y lo maravilloso; el que sepa los esfuerzos de aquel príncipe para abrir por el occidente un camino a las Molucas, y las desgraciadas expediciones que se intentaron con este objeto por el estrecho de Magallanes, juzgará fundadamente que en España se repitieron los trabajos para practicar el paso ya sospechado por el norte, pero carecemos de documentos positivos que confirmen ningún viaje ulterior al de Esteban Gómez.

Los ingleses tampoco hicieron nuevas tentativas desde fines del siglo xv hasta el gobierno feliz de la reina Isabel. Esta Princesa, política y sabia, hizo brotar entre sus vasallos aquel espíritu de navegación que forma hoy el carácter conocido de los ingleses y al cual deben su potencia naval, su prosperidad y su grandeza. De su tiempo son los viajes de Drake, Stephen y Cavendish, y en su tiempo se reanimaron las empresas al paso del NO. Frobisher hizo, en 1576 y 1577, dos viajes que apenas tocaron la dificultad del empeño, y a Frobisher siguió Juan Davis, cuyas tres expediciones hechas desde 1585, sirvieron más para adelantar sus créditos particulares que la suspirada navegación. James Lancaster terminó la lista de las expediciones infructuosas hechas en el siglo XVI, y Jorge Weymouth dio principio a las del siglo XVII que no fueron más útiles ni menos numerosas.

Los obstáculos experimentados por los viajeros que sucedieron a Caboto y la lentitud de sus descubrimientos no apagaron la esperanza de penetrar al océano Pacífico por los mares del Norte. El capitán Hudson, abandonando la derrota que había sido común hasta entonces, se dirigió por el oriente de la Groenlandia hacia las tierras de Espitzberg y subió a los ochenta grados de latitud, pero sus tres campañas hechas desde 1607 hasta 1609 le manifestaron la dificultad de las navegaciones por estos mares. En su cuarto viaje y siguiendo la práctica ordinaria de los navegantes anteriores, gobernó al oeste y penetrando por el estrecho que forma la tierra del Labrador con la isla de Buena Fortuna salió a la gran bahía de su nombre donde pereció desgraciadamente.

Buttons, Gibons y Billot se emplearon después en la misma carrera con poca más fortuna. Reconocieron algunos lugares de las bahías de Hudson y Baffins y volvieron a Inglaterra después de añadir algunos nombres a la geografía de estas regiones, pero sin esperanzas bien fundadas de que pudiesen facilitar jamás la navegación al mar Pacífico. Sin embargo después de Billot salieron Fox y Bristol. Estos capitanes redujeron sus trabajos a la bahía de Hudson y sus observaciones fueron tan distintas o tan diversamente combinadas, que a la vuelta se empeñó Fox en probar la existencia del paso apoyándose principalmente sobre la elevación y dirección de las mareas, y James Bristol en contradecirlo con argumentos fundados también sobre sus propios descubrimientos.

Desde los viajes de Fox y Bristol, no se puede asegurar ninguna nueva empresa hasta el año de 1768. A este período corresponden los descubrimientos apócrifos del almirante español Bartolomé de Fonte, cuya relación llena de errores y contradicciones pueriles manifiestan bien la ignorancia y la miserable invención de su autor. El que haya leído esta relación (que impugnó muy de propósito y sin gran necesidad el colector de algunas memorias sobre la California) se escandalizará cuando sepa que es el fundamento de muchos trabajos de los Sres. De L'isle y Buache.

BAUZA, Felipe. View of Mt Fairweather. A - true bearing 9° N by W distance in miles. B - bearing 4° N by W distance in miles weather fair in the afternoon. C - C° fair weather. View of Mt Fairweather. A - true bearing 53° N by E distance 46 miles foggy weather in the afternoon. Naval Museum, Madrid.

BAUZA, Felipe. Vista del monte Buen Tiempo. Arriba (A) demorando al N 9° O, (B) al N 4° O. Abajo (A) demorando al N 53° E del mundo distancia 46 millas. Museo Naval. Madrid.

La Francia que desatendió los conocimientos y las luces de Groseleiz procuró a la Gran Bretaña el establecimiento de la Compañía de Hudson a la que por patente de 1669 se concedió el comercio exclusivo de aquellos mares pero con la preciosa condición de repetir a sus expensas las inquisiciones del camino al Pacífico. Esta Compañía no dejó de corresponder al objeto de su erección, siendo bien sabidos los viajes de Barlow y Knight, a quienes sucedieron otros muchos costeados por la misma Compañía, por el gobierno y algunas asociaciones particulares. El fruto de todos fue acabar de reconocer la bahía de Hudson con alguna parte de la de Baffins, y determinar que el paso o no era posible o debía buscarse por otro lugar. Esta decisión dejaba la duda de su existencia por latitudes más elevadas, y el autor del célebre principio de la acción mínima (a quien debemos también descripciones individuales de tierras que nadie ha visto), juzgó que debía buscarse por el mismo polo. No faltaron otros filósofos que añadiesen autoridad a esta opinión y el rey de Inglaterra despachó en 1773 dos bajeles con el único y determinado objeto de averiguar hasta dónde era practicable la navegación al polo boreal. El lord Mulgrave a quien se confió esta prueba trabajosa no pudo subir más allá de los 81 grados y 15 minutos de latitud, pero la relación de sus acaecimientos hizo concebir sin embargo muchas esperanzas a que la navegación al océano Pacífico podía ser practicable por el norte, y los ingleses concibieron entonces un vasto y bien concertado plan de reconocimientos cuyo desempeño confiado a los oficiales más acreditados de su marina, debía necesariamente poner en toda su luz la verdad y sacarnos para siempre de incertidumbres.

Si Pickersgil y Young a quienes se mandó penetrar por la bahía de Baffins no correspondieron a las esperanzas que se habían concebido de uno y otro, el capitán Jacobo Cook hubiera hecho de todos modos superfluos sus trabajos. Todo el mundo sabe de qué modo se reconoció este hábil viajero la costa oeste de la América septentrional en toda la extensión donde podía suponerse el estrecho hasta el cabo Helado bajo los setenta grados de latitud. Pero aquí fue detenido por los hielos, que, prolongándose del Asia a la América, obstruían el paso al polo y le forzaron a volver hacia el sur.

A Cook cuyos gloriosos días tuvieron un término infeliz en Karakakooa, sucedió en el mando Clerke y este oficial acabó de confirmar en 1779 que los mares del Norte eran impracticables por los meridianos del estrecho de Bering, más allá de los setenta grados de latitud. Esto después de los descubrimientos hechos por la bahía de Hudson fue lo mismo que demostrar la imposibilidad de la navegación al océano Pacífico, ya se supusiese esta navegación por el NE. o por el NO. de la Europa. Así lo creyeron también y después de unas pruebas tan concluyentes los partidarios más tenaces del pasaje, pero en estas circunstancias apareció la relación de otro viaje hecho a fines del siglo XVI, que sin tener el carácter menor de verdad, ha bastado para restablecer las antiguas opiniones sobre este asunto.

Lorenzo Ferrer de Maldonado, geógrafo de Felipe II desluciendo los trabajos de cuantos le habían precedido en la carrera, navegó al norte desde los Bacallaos, en el centro del invierno y hasta los setenta y cinco grados de altura, desembocando por último en el océano Pacífico por los sesenta grados de latitud. Sin embargo de lo maravilloso de esta navegación, de contenderse entonces con tanto calor en la Europa, su posibilidad y de los esfuerzos que hacían al propio tiempo los ingleses para practicarla, ningún escritor coetáneo hace memoria del viaje de Maldonado, no siendo ésta la única prueba de su inverosimilitud. Se necesita un juicio demasiado dócil para creer que Maldonado se empeñase en descubrimientos en los meses de diciembre y enero y en latitudes tan elevadas, donde al paso que se aumentaban los riesgos de una derrota desconocida y nueva, se disminuían con la perpetua ausencia del sol, todos los recursos del navegante. La misma relación de Maldonado está llena de circunstancias inverosímiles, y en cuanto se puede comparar con los descubrimientos modernos no se encuentra tanta conformidad como se ha pretendido. El viajero español una vez en el Pacífico pudo correr al SE. la costa occidental de la América hasta los cincuenta y cinco grados, de latitud, pero no es posible que navegando después en cuatro días ciento veinte leguas al oeste, tropezase con una gran tierra de altas montañas y una costa larga y continua. Debemos suponer que Maldonado partió del cabo San Bartolomé situado con poca diferencia en los 99 grados y este cabo dista 300 leguas de Alaska que es su tierra más próxima por el occidente.

Apenas cabrían en este resumen todos los reparos de esta especie que se pueden hacer a la relación de Maldonado, pero no podemos omitir un suceso que bastaría por si sólo para hacer sospechosa su verdad. Habiéndose esparcido en España y en tiempo de Felipe II la existencia del estrecho de Anian, por donde se decía haber salido al mar del Sur, algunos pescadores de Terranova, mandó Felipe III reconocer la costa occidental de la América desde la California hasta los 43 grados de latitud, dentro de cuyos límites se suponía el estrecho, y este encargo se dio a Sebastián Vizcaíno, cuyo diario original tenemos impreso. Ahora ¿si Ferrer Maldonado, geógrafo del rey, hubiera salido en 1588 al mar del Sur por el estrecho de Anian y los setenta grados de latitud, hubiera mandado Felipe III buscar este mismo estrecho más abajo de los 43 grados el año de 1602, catorce después al regreso de Maldonado a España?

Sin embargo a todo lo dicho, el traductor del rey, a quien debe el público las primeras noticias de la relación de Maldonado, no puede dudar de su autenticidad y en el empeño de conciliarla con los últimos descubrimientos de los ingleses, hace uso de argumentos bien extraños. El estrecho de Bering dice, nombrado así por voluntariedad de Cook, es el mismo que llama Ferrer de Anian. Bien es cierto que el uno se halla por los 66 grados de latitud, y el otro se supone en sólo los 60, pero esta diferencia puede provenir de un error de cifra; como si la relación de Maldonado no obtuviera conforme en todas sus partes al supuesto de haber salido al océano Pacífico por los sesenta grados, y no por los 66. El Sr. Malo de Luque tal vez se hizo cargo de lo abultado de esta equivocación porque suponiendo después que los estrechos de Bering y Anian no son un solo y propio estrecho, se ve en la necesidad de recurrir a un cometa cuyos influjos, sin dejarse sentir de las aguas del mar ni en el resto de la naturaleza, cerraron para siempre el estrecho cuyo conocimiento costó tanto a Maldonado.

La relación de este viajero no ha tenido peor fortuna ni ha sido considerada con más atención al otro lado de los Pirineos. M. Buache, geógrafo mayor de S.M. Cristianísima, no duda después de haberla leído, la existencia del paso por el NO., y en una memoria que leyó el 13 de noviembre de 1790, a la Academia Real de las Ciencias, procura desvanecer los argumentos que se pudieran hacer contra esta navegación. El geógrafo francés tiene buen cuidado de no proponerse otras objeciones sino aquellas de una fácil solución. No es de nuestro asunto examinar el mérito de esta memoria, bastando a nuestro propósito saber que, comunicada por el Ministerio de Marina al jefe de esta expedición, ha reglado en mucha parte más operaciones de esta campaña. M. Buache fijaba el estrecho de Anian por los 60 grados de latitud desde la bahía del Almirantazgo, hasta el Príncipe Guillermo. Se verá de qué modo hemos reconocido esta extensión de costa y si quedan motivos para nuevas disputas.

BAUZA, Felipe. View of stretch of coastline E of Mulgrave bearing towards the harbour. A - 53° N by E distance 6 miles. B - 74° N by E heavy weather in the morning. Naval Museum, Madrid.

BAUZA, Felipe. Vista de un pedazo de costa al E de Mulgrave demorando el puerto. (A) al N 53° E distancia 6 millas. (B) al N 74° E. Museo Naval. Madrid.

No es fácil a la verdad escribir en pocos renglones las ocurrencias de muchos meses y la necesidad de ser cortos nos hará omitir muchos sucesos verdaderamente importantes. Tampoco será posible observar demasiado método en este resumen y esperamos que no se formará juicio por el de las ventajas que ha procurado esta campaña a la geografía, la navegación, la física, la historia natural, etc... Por otra parte las observaciones hechas por el jefe de esta expedición relativamente a las instituciones militares, civiles, políticas y religiosas de los pueblos que hemos visitado, son nuevas para la Europa y tratadas algún día con la extensión debida, serán del primer interés para los que se ocupan en el estudio del hombre y gustan considerarlos en todos sus estados.

Desde la salida de Acapulco hasta la vuelta al mismo puerto.

Provistas las corbetas de cuanto les era necesario para emprender tan dilatada como penosa campaña, se hicieron al mar el día 1° de Mayo. Los primeros rumbos se hicieron para alejarnos de la costa y a las 6 de la tarde establecimos sobre algunas marcaciones. Nuestro punto de salida en la latitud N. de 16° 38' y en la longitud ..... al occidente del Real Observatorio de Cádiz, a cuyo meridiano referiremos en lo sucesivo todas nuestras longitudes. Las brisas y los terrales siguieron en los primeros días sus períodos ordinarios y los ceñimos constantemente por estribor, procurando ganar para el O. aunque perdiendo muchas veces latitud. Esta derrota parece la más ventajosa a todas las embarcaciones que salgan de Acapulco o San Blas para el N., siendo incontestable que las brisas ordinariamente del O. y NO. cerca de la costa, se alargan hasta el N. y NE. en separándose de ella. Vizcaíno y otros muchos de nuestros antiguos viajeros que no tuvieron noticias de esta verdad dilataron inmensamente sus navegaciones porque quisieron hacerlas por el camino más corto y sin dejar el continente. El día 9 nos hallamos en 14° 13' de altura, y desde esta paralelo y meridiano de ..... nos permitieron los vientos del primer cuadrante hacer rumbos en el 4° y ganar latitud. Por este tiempo tuvimos el sentimiento de encontrar parado el reloj número 10 de Bertoud. Esta máquina admirable que manejada por unas manos hábiles tuvo tanta parte en las asombrosas derrotas de la escuadra combinada, había conservado un isocronismo casi perfecto en su movimiento desde Cádiz y su pérdida hubiera sido irreparable si no tuviéramos a bordo otros seis relojes de longitud, todos de Arnold y los más de primera confianza.

El día 31 de Mayo hallándonos en la latitud de 30° 48' y en 125° 5' de longitud nos abandonaron las brisas que desde el 9 habían sido siempre del primer cuadrante. Podemos fijar en este punto el principio de los vientos variables que aprovechamos haciendo los rumbos más ventajosos a nuestra derrota y considerables esfuerzos de vela.

Desde el 15 de Junio empezó nuestro cirujano (haciendo uso del aparato de Fontana) las experiencias del eudiómetro para determinar las distintas relaciones de la salubridad del aire. El 22 de Junio se vieron varios pájaros oceánicos, y la mañana del 23, algún sargazo y otros indicios seguros de tierra, que efectivamente se dejó ver a las 10, prolongándose del N. al ENE. Esta misma mañana se tomaron 22 series de distancias lunares cuyo resultado medio colocaba la nave 137° 50' al occidente de París y al medio se observaron 56° 17' de latitud. En los días sucesivos y al paso que se corría la costa hacia el NO. se adquirieron los elementos necesarios para la formación de su plano y se determinó que la bahía de Bering llamada así por Cook no existe.

El 27 entramos dentro de los límites donde se suponía el estrecho de Anian. Doblamos el cabo de Philips y corriendo las islas que forman el puerto de Mulgrave a una legua de distancia, se avistó sobre el continente un abra cuyas apariencias tenían la conformidad más exacta con las vistas de Maldonado. Ya se deja entender cuanta importancia daría esta casualidad a su reconocimiento. Don Alejandro Malaspina se adelantó para hacerlo, pero habiendo atracado la punta oriental del abra, no pudo ver ni la extensión ni la naturaleza de su fondo, y juzgando que para este examen eran de todos modos preferentes las embarcaciones menores de las corbetas, viramos en demanda del puerto de Mulgrave. Apenas estuvimos a una legua de él cuando salieron dos canoas, de las cuales la una se dirigió a la *Descubierta* y la otra hacia nosotros. Los naturales que las conducían, cuyo número no bajaría de 30, suspendieron la boga, estando cerca; se pusieron en cruz, y entonaron una canción llena de armonía y de cadencia. Nosotros que miramos sus acciones como otros tantos signos de paz, procuramos imitarlos del mejor modo que nos fue posible y entonces subió a bordo (pidiendo antes rehenes) su jefe. A poco rato recibimos otra canoa de una construcción muy distinta de la primera con sólo dos hombres. El uno que era un anciano venerable, subió también a bordo y después de pasear el alcázar con una timidez afectada pronunció un largo discurso lleno de entusiasmo y convirtiendo la voz alternativamente al cielo, al mar, a nosotros y a los suyos. Supimos que este anciano era el jefe principal y él mismo nos confirmó en ello significándonos que el otro indio, en quien supusimos al principio la suprema autoridad, era su hijo. Para esto puso los brazos en actitud de sostener un niño moviéndolos después como se suele hacer para arrullarlos. Hay ciertos signos que la naturaleza ha hecho comunes a todos los pueblos del mundo.

El cacique manifestó mucho deseo de que fondeásemos cerca de su población, en la cual tenía sus objetos de interés. Era expertísimo en el lenguaje de acción y satisfizo bien a muchas de nuestras preguntas. Algunas recayeron sobre la naturaleza de abra vistas por la mañana, pero no penetrando nuestros verdaderos designios y sospechando si pensábamos fondear hacia aquellos lugares, nos dijo que sus habitantes eran ferocísimos y nos matarían irremisiblemente, al propio tiempo que hacia el puerto de Mulgrave encontraríamos medios para satisfacer nuestras necesidades y aun nuestras pasiones, explicándose en este último particular con signos nada equivocos.

El viento permaneció todo el día del ESE. y tuvimos que ganar el puerto sobre bordos. A las 7 de la tarde montamos la punta de Tornew y poco después fondeamos. La mañana del 28 amanecieron las corbetas rodeadas de naturales de ambos sexos, atraídos muchos de la novedad y otros con el objeto de cambiar algunas obrillas de su industria, en cuya adquisición se interesaba más de lo que se puede concebir la curiosidad de nuestros marineros. Al principio subieron sobre el alcázar y después se les mandó bajar a la lancha para precaver los robos y otros desórdenes, dejándoles la libertad de proponer sus cambios desde allí. Un indio se había apropiado un grimpolón que volvió con gran serenidad en el momento de ser reconvenido, pero no hizo lo propio con un candado, teniendo el atrevimiento de enseñar al oficial de guardia su cuchillo (arma de un uso común entre ellos) como manifestando su resolución de defender la prenda robada a cualquier trance.

Hubiera sido más fácil castigar la osadía de este hombre insolente si no estuviéramos resueltos a evitar en cuanto fuese posible todo rompimiento... El cacique vino a bordo poco después, se le hizo saber el robo, arengó a los naturales y el candado que ya estaba en tierra fue restituido a la *Atrevida* en pocos minutos. Este accidente no interrumpió los tráficos. El ansia con que nuestra gente compraba los objetos más viles por solas las circunstancias de pertenecer a los naturales, abría cada momento nuevo ramo de comercio. Además del pescado traían sus útiles de pesca, sus muebles domésticos, sus armas, y otras obras de manufactura propia destinadas a la vista o al adorno. Todo lo cual permutaban por ropa vieja, clavos, botones y otros artículos semejantes y de un precio inestimable para ellos. Observamos que cuando convenían en una permuta cantaban todos, ceremonia que excusaron pocas veces y con las que dan solemnidad a sus tratos.

Hicieron mil solicitudes para subir a la *Atrevida*, y tal vez con el designio de conseguir esta gracia, nos dieron varios conciertos vocales. El maestro de capilla daba el compás con una canalete y entonaba sus solos cantando después en coro y ajustándose todos de un modo agradable. En el final de cada estrofa esforzaban la voz, deprimían el cuerpo, pisaban con esfuerzo el suelo sin omitir todos aquellos gestos que suelen pintar la furia y el enojo. Yo no sé si se puede juzgar de una obra música sin grandes conocimientos del arte, pero puedo asegurar que las canciones de los mulgraveses agradaban a todos. Sin embargo su música, aún la que empleaban para pedir o denotar la paz, se resiente del carácter salvaje y es más propia para avivar las pasiones marciales que para excitar los sentimientos dulces y tiernos. Nuestros músicos se retiraron al ponerse el sol sin haber subido a la *Atrevida*, pero ricos con nuestros presentes y satisfechos de nuestra conducta apacible. El día 30 parece que esperaron con impaciencia la primera luz del sol para visitarnos, llegaron a bordo con nuevos efectos y tan gran cantidad de salmones que los comandantes determinaron darlos de ración a la gente. Un botón, un pequeño clavo, un cascabel, etc., era el precio de dos o tres de estos exquisitos pescados que en la Europa se miran como un ornamento de las mesas suntuosas y en el puerto Mulgrave llegaron a ser desdeñados de los propios marineros.

El cacique ensayó otros géneros de comercio con poca fortuna. Creímos al principio que sólo se prostituían las mujeres de una ínfima clase, pero conocimos pronto que la menos complaciente de la familia real, hubiera vendido sus últimos favores por un clavo. Las órdenes para contener los abusos de esta especie fueron estrechísimas y podemos asegurar que correspondieron exactamente a su objeto.

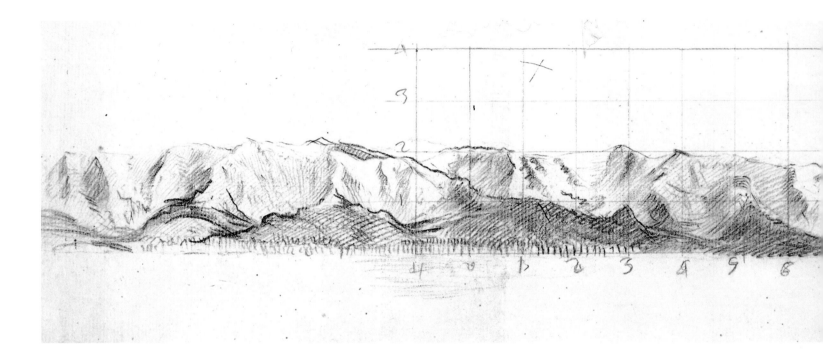

Por la tarde y sobre una clara, apareció el monte de San Elías, visto la primera vez por el Comodoro Bering en 1741. Según nuestras observaciones tiene 2.792 toesas de elevación en el sentido vertical (887 más que el pico de Tenerife), y visto a 41 leguas, debe aparecer bajo un ángulo de medio minuto. En este cálculo se ha supuesto la refracción terrestre 1/16 de longitud por las verticales del observador y del monte.

El cielo, que empezó a despejar desde la tarde del 30, amaneció el 31 claro y puro y el sol presentó a nuestros ojos una multitud de objetos, que las nieblas de los días anteriores nos habían ocultado. Desde el monte de San Elías corría la cordillera sin interrumpirse hasta los últimos términos de nuestra vista, por el oriente, formada de montañas que se ocultaban en las nubes, sin el menor indicio de vegetación, cubiertas de nieve casi en toda su superficie y ofreciendo por todas partes la horrible imagen del invierno. La fertilidad, parece que huyendo de estos lugares espantosos, se retrajo a las tierras bajas donde se presentaba con profusión bajo los aspectos más variados y en un desorden agradable, y gracioso. El dulce placer con que pisa un navegante la suspirada tierra después de una larga navegación pudo tal vez abultarnos la gala de estos campos.

Desde las 4 de la mañana se pusieron las corbetas en movimiento. Las lanchas salieron para continuar en los trabajos de la aguada y los botes para sondar el puerto. Se estableció en tierra el observatorio, se empezó a observar la marcha de los cronómetros, se repitieron las experiencias sobre la gravedad de los cuerpos, etc.

La noticia de nuestra llegada se difundió pronto por las inmediaciones de Mulgrave. A las 7 de la mañana avisó un centinela (que los naturales dejaban todas las noches a la entrada del puerto) la proximidad de dos canoas extrañas. Toda la república pareció conmoverse con la noticia y el cacique, después de arengar al pueblo o para exhortarlo a defenderse de sus enemigos o para dirigir su conducta con los nuevos huéspedes, suplicó que uno de nuestros soldados tirase un fusilazo. Se hizo así y los naturales que conducían las canoas respondieron a la explosión del fusil con una canción, que siendo como tenemos dicho una señal pacífica, restituyó a los mulgraveses en su primera tranquilidad. Las canoas se dirigían a las corbetas,

pero avisándoles el cacique que el jefe de los extranjeros se hallaba en tierra, arribaron sobre la playa inmediata al observatorio. Las dos eran de una propia capacidad y contendrían 50 hombres. En el centro de la primera que tomó tierra venía un personaje cuyo aspecto grave nos pareció anunciar su autoridad y nos convencimos de ella cuando vimos arrojarse al mar dos indios que sacaron sobre sus hombros al augusto príncipe, el cual fue al instante presentado por el cacique mulgravés a Don Alejandro Malaspina. A estas canoas sucedieron otras en los días sucesivos, atraídos por nuestros clavos y cascabeles, antes que por la curiosidad de ver nuestras embarcaciones y otros muchos objetos que les eran absolutamente desconocidos. Todo lo miraban con una indolente indiferencia, siendo para ellos lo mismo una grande embarcación que una pequeña canoa. Tan cierto es, que para admirar las obras del arte, se necesitan nociones del arte mismo. Por otro lado el hombre salvaje, sin ideas de las necesidades ficticias que el lujo y la abundancia ha introducido en las sociedades civilizadas, limita sus cuidados a la adquisición de lo preciso para conservar la vida, mirando con indiferencia y tal vez con desprecio todo lo que contribuye a satisfacer a aquellas necesidades que desconoce absolutamente.

El día 2 de Julio salió Don Alejandro Malaspina acompañado del teniente de navío Don Antonio de Tova con las lanchas de ambas corbetas competentemente esquifadas para reconocer el abra vista la mañana del 27 de Junio y las otras embarcaciones menores continuaron haciendo la aguada y la leña. Un oficial que presidía constantemente a estos trabajos aseguraba su aceleración al propio tiempo que precavía los desórdenes de nuestros marineros; por los naturales a quienes añadió osadía la suavidad de nuestra conducta; se abandonaron a todo género de excesos cuando juzgaron enflaquecidas nuestras fuerzas con la ausencia de las lanchas. No bastó el orden establecido en tierra por Don Cayetano Valdés para impedir que un indio robase la ropa de un marinero. A este insulto tolerado hubiera sucedido verosímilmente otro mayor; pero Don José Bustamante hizo llamar al cacique, le reconvino con la conducta inicua de sus vasallos, añadiendo que era necesaria absolutamente la restitución de la ropa robada. El cacique disculpó a los suyos y atribuyendo el delito a las tribus forasteras se excusó de castigar al delincuente. El robo considerado por sí solo era a la verdad una cosa poco importante, pero este robo sufrido disminuía la opinión de nuestro poder y podía tener unas consecuencias fatales. Faltaba mucho para completar nuestra aguada y nuestra leña, se debían continuar las observaciones astronómicas, etc. y nada de esto era practicable si no contábamos con la amistad o por mejor decir con el respeto de estos hombres. Conocíamos bien que la probidad era un sentimiento desconocido entre ellos y que solamente el miedo podía contenerlos dentro de lo justo. En estas circunstancias y evitando los medios violentos convino Don José Bustamante en un partido propuesto por el cacique mismo y efectivamente el que parecía dictar la prudencia. Se prohibieron los cambios y esta determinación correspondió en parte a un objeto, porque hizo sustituir la ropa robada, pero no fue suficiente para contentar a los naturales. Como el día 3 no se les permitió atracar a las corbetas, cargaron todos sobre el lugar donde una gente se ocupaba en cortar la leña. Uno de ellos quiso sin pretexto atropellar al centinela que custodiaba la ropa de los trabajadores, y se arrojó con el puñal desnudo al teniente de navío Don José Robredo, que hubo de reprender su conducta. Este oficial no hubiera podido contenerlo si otro indio interpuesto entre los dos no embarazase los malvados designios de su compatriota. Poco después de este suceso llegó al mismo lugar el comandante de la *Atrevida* con muchos de sus oficiales y todos nos empleamos en tirar al blanco para manifestar indirectamente a los naturales la terrible actividad de nuestras armas destructoras, y las ventajas que tenían sobre las suyas. El mismo indio que poco antes había atentado contra nuestro oficial, dispuso en seis dobleces una piel curtida y colocándola en un lugar conveniente nos convidó a tirarla. El teniente de navío Don Ciriaco Cevallos se apartó 50 pasos del objeto y estaba ya al punto de disparar cuando el indio mandó suspender la prueba. Cogió la piel, la sumergió seis u ocho veces en el mar y estando humedecida a su satisfacción volvió a exponerla sobre el propio sitio. Por felicidad, la bala atravesó la piel por todos sus dobleces, llevándose una parte del madero sobre que estaba, y los indios quedaron convencidos de que ni la distancia ni el agua podían precaver los estragos del fuego abrasador de nuestros rayos.

La prohibición de los cambios irritó a los mulgraveses a medida del valor que daban a nuestras bagatelas, de lo cual tuvimos pruebas tan positivas como nos pudieron ser funestas. Don José de Bustamante, con los oficiales Concha, Cevallos, Viedma, Ali Ponzoni y el contramaestre Ezquerra, desembarcamos la tarde del mismo día 3 sobre la playa inmediata a la población de los indios, los cuales, buscando ocasiones para romper o con otro designio que no concebimos, arrebataron a un marinero de pocos años, y lo conducían ya a sus habitaciones, cuando fue advertido por nosotros. El indio dejó el marinero a nuestras voces, pero tirando del puñal corrió hacia Don José de Bustamante con ánimo resuelto de herirlo y lo hubiera ejecutado si cuatro o cinco escopetas, prontas a disparar no lo contuviesen, gritó entonces a los suyos y en el momento fuimos rodeados de naturales (todos con el puñal en la mano) que cerrando el paso a todas partes, apenas dejaban el espacio preciso para manejar nuestras escopetas. Estas armas eran a la verdad un recurso demasiado débil, porque una vez disparadas, no hubiéramos podido volverlas a cargar antes de ser atropellados por la multitud. En estas circunstancias críticas apareció por fortuna el cacique, el cual no dio providencia para contener a los sediciosos o por no comprometer su autoridad o porque procedía también de mala fe; pero su presencia nos facilitó tomar la ribera.

Nuestro primer cuidado fue poner a nado el bote, cuyo esquife consistía en cuatro hombres indefensos y ganando después un sitio libre donde las armas de fuego se pudieran manejar con utilidad, permanecimos en tierra más de una hora para manifestar a los indios que jamás podrían intimidarnos su excesivo número y porque una retirada precipitada hubiera desvanecido enteramente la opinión de nuestro poder. Nada hubiera sido más fácil a Don José Bustamante que resarcir la que habíamos perdido y vengar el insulto de esta tarde, pero considerando todo con una juiciosa serenidad, nos restituimos a bordo sin causar el menor daño, ni mandarlo hacer después. Pocos dejarán de concebir que en los excesos de la ira y la venganza, se necesita un valor demasiadamente heroico para practicar la humanidad, esta santa virtud tan fácil de predicar en la calma de las pasiones y en el dulce sosiego de un gabinete.

Este suceso nos hizo acordar el lamentable fin que tuvieron el capitán Cook en las islas de Sandwich, el Vizconde de L'Angle en las de los Ladrones, y otros muchos individuos de la desgraciada expedición del Conde de La Pérouse sobre esta misma costa de la América. Poco después de la oración se acordonaron los indios para la ribera y entonaron diversas canciones para pedir la paz. El mismo cacique vino a bordo con la propia solicitud a la cual se accedió sin repugnancia. El día 4 por la tarde se restituyeron a bordo el jefe de la expedición y Don Antonio de Tova. Averiguaron que el abra vista el 27 de Junio, terminaba en un río, formaron su plano, vieron alguna parte del occidente del abra, y se retiraron a este fondeadero por el N. adquiriendo muchas noticias tan útiles como importantes, relativamente a la posición y naturaleza de estas islas.

Desde los últimos sucesos ocurridos con los naturales se procuró evitar su comunicación, pero nada era más importante que observar el estado y marcha de los relojes marinos, cuyo conocimiento convenía para rectificar las longitudes de nuestra última campaña y afianzar la seguridad de nuestras posiciones ulteriores. Para llenar un objeto de esta importancia se desembarcó el cuarto de círculo, pero el oficial encargado de estas observaciones, vio a las 12 que los naturales estaban inquietos, manifestando ideas de hostilidad. Las corbetas que se hallaban prolongadas con la playa, y a muy poca distancia, prepararon inmediatamente sus fuegos y Don Alejandro Malaspina se dirigió a tierra con los oficiales Valdés y Concha y 4 soldados bien armados. Estas fuerzas lejos de contener parece que irritaron más la ferocidad de los indios, no faltando uno que recurriendo a su arrojo favorito, tirase de cuchillo a presencia de ocho o diez armas de fuego. A este tiempo y a solicitud de los que estaban en tierra tiró la *Atrevida* un cañonazo, cuya explosión, nueva para los naturales, los atemorizó algún tanto, pero cuando conocieron que el estrago no había correspondido al estruendo, insistieron en sus ideas de atacar y desfilaron muchos al abrigo de los árboles, armados de lanzas y con designio a lo que pareció de doblar y sorprender por las espaldas a los nuestros. Sin embargo de todo se lo (ilegible) embarcar nuestros instrumentos y nuestros oficiales se sustituyeron a bordo con felicidad y sin haber causado ni sufrido el menor daño. El oficial que se hallaba a la otra parte de la bahía con 8 soldados para proteger los trabajos de la aguada, no pudo determinar el verdadero motivo del cañonazo, pero juzgando que de todos modos y en todas circunstancias podía ser conveniente la asistencia a bordo de la gente, las lanchas y los bombos, aceleró sus maniobras y se restituyó a las corbetas a las 2 de la tarde. Los naturales, cuyo carácter variable no se puede comparar con nada, cantaron sobre la playa la paz, pero completa nuestra provisión de agua y leña, sin esperanzas de añadir ninguna observación a las hechas, dimos la misma tarde la vela.

Así después de una mansión corta, pero fecunda en sucesos interesantes, abandonamos estos lugares rústicos con la dulce complacencia de no haber procurado el perjuicio más leve a sus moradores. Recibieron siempre con usura el precio de las bagatelas y respetamos sus costumbres en cuanto se pudieron conocer, sufrimos sus robos, su mala fe y sus insultos, y lo que es más, sofocando los sentimientos que inspira naturalmente el amor a la propia conservación, comprometimos muchas veces nuestras vidas por evitar la efusión de sangres. No pretendemos hacer mérito de esta conducta, que siendo tan conforme al carácter benéfico y humano de los españoles, desmiente las injustas acusaciones de algunos escritores nacionales y extranjeros que, conducidos de un celo indiscreto y una envidia sin límites, han procurado oscurecer la gloria de los conquistadores de la América.

La necesidad de reducirnos, nos ha hecho suprimir una multitud de acaecimientos y muchas circunstancias que añadirían interés y luz a los escritos. La propia causa nos hará omitir también la mayor parte de nuestras observaciones relativamente a la constitución física y moral de estos pueblos. La estatura de los tujuneses (nombre con que se conocen los habitantes del puerto Mulgrave según nuestros últimos informes) es por lo menos igual a la de los españoles, pero son fornidos a proporción, si se exceptúan los muslos y las piernas, donde la musculación no es tan vigorosa como en el resto del cuerpo. Tienen la cara por lo común redonda, la boca grande, los dientes blancos y unidos, la nariz ancha y los ojos pequeños pero negros y brillantes, el pelo, que traen indistintamente cogido con un cordón hacia el vértice de la cabeza, o suelto sobre la espalda, es lacio y áspero, en algunos parece pardo, cuyo color resulta de la combinación del negro, que es su color natural, con el de algunas materias que lo impregnan, pareciendo este uso privativo de la gente distinguida o provecta. El que juzgara de estos pueblos por los hombres de mediana edad, creería que son imberbes como mucha parte de los naturales de América, pero no sucede así, son comunes los hombres de 25 y 30 años con la menor apariencia de barba, cuando los que pasan de la edad media, la tienen poblada y crecida, no se puede atribuir esta transformación repentina a la naturaleza, lo cual observa en todas sus obras una graduación regular, siendo de creer que la arrancan hasta cierta época de la vida y la dejan crecer cuando la autoridad lo exige o cuando las pretensiones de la hermosura cesan. Los tujuneses, según la práctica ordenada de todos los salvajes, se pintan de encarnado, negro y otros colores con que aumentan la deformidad natural de sus semblantes, hicimos que algunos se lavasen para asegurarnos de su verdadero color, que por la cara es tan blanco como el de los pueblos meridionales de Europa, y mucho más oscuro por el cuerpo. Esta diferencia de colores es tan rara como difícil de explicar, la pintura, cuyo uso es inmoderado y continuo, preserva tal vez las caras de los rigores del viento y sol a que los mulgraveses están perpetuamente expuestos.

Las facciones de las mujeres son tan groseras como las de los hombres, no habiendo nada más fácil que confundir los dos sexos, los cuales tampoco se distinguen por la forma particular del vestido. El de uno y otro consiste en una túnica de pieles curtidas o naturales que suelen adornar con su esclavina y una guarnición del mismo género por la parte inferior. Sobre esta túnica ponen otra capa de pieles que sujetan con cordones por el pecho, dejando libre el uso de los brazos. Entre todos los usos que ha introducido el capricho y la extravagancia de las mujeres y su deseo de parecer bien, ninguno más singular que uno propio de las tejunesas. Se hacen una sección debajo del labio inferior paralelamente a la boca, y de su propia longitud y en ésta colocan una pieza de madera de forma elíptica y cuyo largo no bajará de dos pulgadas sobre una de ancho. Esta pieza es cóncava por ambas caras y tiene en toda su circunferencia una media caña donde encaja y se afianza el labio, una vez puesta toma por su propio peso una situación horizontal y forzando a que el labio se separe de la boca, deja descubiertos todos los dientes de la mandíbula inferior. No se puede concebir justamente cuánto desfiguraba el rostro de estas mujeres un adorno que añadiría mil gracias a los ojos de los tujuneses, tan distintas son las opiniones de los hombres sobre lo hermoso.

Después de los hechos referidos antes y de otros muchos que hemos omitido, no es dudable que reside en el cacique el mando supremo. Notamos también otras autoridades subalternas, pudiendo asegurar que la desigualdad de condiciones tan contraría al estado sencillo y primitivo de la naturaleza, está ya introducida entre los mulgraveses, pero estas diferencias de autoridad no pueden provenir de las diferencias de fortuna entre unos hombres cuyas necesidades son tan limitadas y los medios de satisfacerlas igualmente fáciles. La opresión parece por todas partes el patrimonio de la especie humana y un mal necesario; los mulgraveses, expuestos a ser abatidos por las tribus vecinas, pusieron a su cabeza el ciudadano más robusto y más valeroso, cuyo poder en su principio fue puramente militar. La autoridad militar abrogó con el tiempo la civil, y ambas se vincularon en familias determinadas, estando nosotros bien convencidos de que la soberanía es hereditaria entre estos hombres. Por una consecuencia natural a su género de vida, deben ser errantes, pero los tujuneses una vez establecidos donde la caza y la pesca proveen abundantemente a su subsistencia hacen en estos lugares su residencia fija. La necesidad no les ha forzado a invadir los territorios ajenos, pero han tenido que defender los propios y esta precisión les ha hecho guerreros. Sus costumbres, su música, sus bailes, todo se resiente del carácter bélico y de nada son tan celosos como de su reputación militar. Nos contaban con entusiasmo sus batallas, nos enseñaban sus heridas, llenándose de furor cuando les insinuábamos la preferencia de nuestras armas sobre las suyas. Entre las muchas de que se valen en la guerra, tanto ofensivas como defensivas solo hablaremos del cuchillo, que es de un uso común entre ellos. Lo traen ordinariamente colgado de un tahali, y en la acción lo sujetan con una fuerte correa a la muñeca. Estos cuchillos, cuya longitud ordinaria no pasará de un pie, son de fábrica y nuestras conjeturas sobre el modo como los tujuneses adquieren el hierro, han sido muy diversas. El capitán Dixon, que fue el primero y a quien hemos inmediatamente sucedido en el descubrimiento del puerto Mulgrave, no pudo surtirlos tan abundantemente de este metal, siendo verosímil que se produce sobre las tierras del continente inmediatas a estas islas.

BAUZA, Felipe. Mulgrave
Indian. America Museum,
Madrid.

*BAUZA, Felipe. Indios de
Mulgrave. Museo
América. Madrid.*

De la religión de estos hombres supimos poco con certeza, y la descripción de sus casas y de sus muebles domésticos, las noticias que adquirimos relativamente a su régimen dietético, a su idioma, sus artes, etc. nos llevarían más allá de los términos que nos hemos propuesto dar a este resumen.

Con el viento del ONO. bordeamos para salir del puerto. El poco ancho de su boca nos obligaba a rendir los bordos sobre la tierra y faltándole una virada, varó la *Descubierta*. Esta embarcación salió del peligro y sin daño por la prontitud y delicadeza de sus maniobras, pero fue necesario diferir nuestra salida hasta el día siguiente. Del 6 al 9, continuando los ponientes reconocimos sobre bordos una considerable porción de costa desde el puerto de Mulgrave al oeste. Así que apuntaron los vientos del S. al O. ordinariamente oscuros, hicimos rumbo para ganar el Príncipe Guillermo, esperar allí los noroestes y correr después la costa en la dirección de estos vientos. El día, examinadas las seis leguas que preceden al cabo Suckling, tomamos la bahía del Contralor y se costeó la parte oriental de la isla Kayes a dos leguas de distancia.

El 12 llegamos a la entrada del Príncipe Guillermo y atracando cuanto fue dable la punta de Posesión, bordeamos para tomar el puerto de Santiago. El viento soplaba de él con desigualdad, variando en su dirección y en su fuerza, según la disposición de las montañas y a medida que nos apartábamos o nos aproximábamos a su (ilegible). Sobre una racha partió la *Descubierta* el 11. Tuvimos vientos del primero y segundo cuadrante alternativamente, impetuosos y bonancibles hasta el 16, que con un tiempo claro y un SO. flojo, atracamos otra vez la costa entre el cabo Cañizares y la punta de Arcadio, reconociendo bien la extensión de costa que comprenden estos términos y averiguando que la tierra conocida con el nombre de Kayes es una península y no una isla. Desde el 16 tuvimos vientos ya favorables, ya contrarios, para continuar los reconocimientos al este, con largos intervalos de calma que nos obligaron a fondear en la inmediación al monte de San Elías, y el 26, examinada escrupulosamente toda la costa donde M. Buache y Ferrer Maldonado fijaban la existencia del estrecho de Anian, hicimos rumbo al cabo Buen Tiempo. Desde este cabo corrimos la costa tan próximos a ella como lo permitía una justa precaución, y era suficiente para ligar con nuestras bases los puntos más notables. Desde el 1º de Agosto tuvimos vientos del segundo cuadrante que hicieron variar de resolución a Don Alejandro Malaspina, relativamente del reconocimiento del archipiélago de San Lázaro. El 5 sufrimos un huracán del SE. que predijo exactamente el barómetro y el 14 fondeamos en San Lorenzo de Nutka.

El pormenor de nuestros reconocimientos, los empeños a que necesariamente debían conducirnos, la exactitud de los métodos usados, el acierto y la inteligencia, etc. podría satisfacer la concisión de un extracto.

BAUZA, Felipe. View of the mouth of Puerto del Desengaño 12° N, true bearing 12° N by E distance 9 miles. Naval Museum, Madrid.

BAUZA, Felipe. Vista del abra del puerto del Desengaño al N 12° E del mundo distancia 9 millas. Museo Naval. Madrid.

Desde el 15 se empezó a reemplazar la aguada y la leña consumida, se estableció en tierra el observatorio y se pusieron en planta todos los trabajos necesarios para reparar nuestras averías de la última campaña. El alférez de navío Don Ramón Saavedra y el capitán de ejercito Don Pedro Alberni, que mandaban interinamente el establecimiento, auxiliaron estos trabajos con cuanto estaba en su mano y nos dieron las primeras noticias acerca del número, carácter y constitución de los pueblos que habitan la entrada de Nutka. Toda ella está dividida entre pequeños soberanos de un poder ilimitado entre sus vasallos distinguiéndose Macuina entre estos soberanos por su reputación y por sus fuerzas así como por sus tiranías. Este príncipe bárbaro hace frecuentes excursiones por los países enemigos con el solo designio de robar muchachos de ocho y diez años, de los cuales vende todos aquellos que sobran después de satisfecha su voracidad.

El 17 nos visitó Clupanuk, otro jefe, y Keiskonuk, cuñado de Macuina. La conducta de los que acompañaban a este último personaje nos convenció bien de su elevación y el mismo Keiskonuk hizo estudio de hablar solamente con aquellos que juzgó jefes entre nosotros.

El puerto de San Lorenzo es pequeño pero muy abrigado de un acceso y de una salida muy fácil. Sobre la punta occidental tenemos una batería a barbeta construida en una pequeña elevación y suficiente para defender la entrada. Posteriormente se han construido en tierra el número de casas bastantes para alojar una compañía completa de infantería que guarnece el presidio, además de un hospital y los almacenes necesarios para custodiar los pertrechos de los buques que están aquí ordinariamente de armadilla, las provisiones de boca, etc. Este establecimiento que hace necesario el Departamento de San Blas y eroga al erario sumas increíbles, no pasará jamás del grado de incremento en que se halla por la naturaleza de un suelo incapaz de producir ningún género de frutos útiles.

Toda la entrada de Nutka sería a la verdad un punto confundido en la inmensa extensión de estas costas, si sus circunstancias de posición y la perspectiva engañosa de un comercio interesado no hubiera hecho en estos lugares salvajes un objeto de ambición para algunos pueblos de la Europa, pero sin embargo, desde el año de 1778, que fueron descubiertos por el capitán Jacobo Cook, se había añadido poco a las noticias de este viajero hasta que surgieron en San Lorenzo las corbetas *Descubierta* y *Atrevida*. Nada se sabía por esta época acerca de las comunicaciones que el archipiélago de Nutka pudiese tener con el océano, de la naturaleza y posición de los surgideros, del número y término de sus canales, etc. y nada era más conforme a objeto con que se equiparon estos buques que averiguarlo todo. A este fin se despacharon la mañana del 18, las lanchas de ambas corbetas bajo las órdenes de los tenientes de navío Don José Espinosa y Don Ciriaco Cevallos. Estos oficiales a quienes acompañó el pilotín Don Juan Inciarte regresaron la tarde del 26 por el océano a las corbetas después de haber hecho un círculo de ..... millas, de examinar los últimos rincones de la entrada, de formar su plano y adquirir todas las noticias en que puede interesar la navegación y la geografía. Comunicaron diversas veces con los naturales del interior de Nutka y no podemos menos de copiar su relación en la parte que habla de Macuina porque nada se debe omitir que contribuya a dar ideas cabales de este príncipe célebre.

«Al principio y tomado por esta parte (habla de un ramo del gran canal) corre exactamente del N. 50° O. formando después la costa meridional una ensenada, cuya examen nos pareció preciso. Las dos puntas que la forman se hallan en la dirección del mismo canal y distarán entre sí media milla, de cuya extensión no pasará su fondo. Forma playa por el NE. y está bordeada de pesqueros semejantes en su forma y en su materia al que describimos ayer no menos grandes y conservados con el propio cuidado. Los naturales que a nuestra llegada tomaron el monte huyendo, tienen sus casas en poco número y de una arquitectura humilde, sobre un llano delicioso alfombrado de varios géneros de plantas y donde por todas partes se manifestaba la primavera con sus adornos más lucidos. Las tierras inmediatas son bajas y cubiertas de rosales, pinos, alisos y otros árboles que exhalando un perfume delicioso, se entretejen entre sí formando sotos impenetrables a la vista y de un verde gracioso. Los rayos benéficos del astro de los días, que alumbraba sin interrupción y en toda su plenitud, animaban esta escena campestre, cuyo interés no es fácil concebir.

»No es posible que los habitantes de cuatro chozas miserables hayan podido defender la propiedad de esta mansión de delicias y nosotros creímos que pertenecía a otro pueblo más poderoso (al de Macuina) cuya sospecha confirmamos después.

»Antes de las cinco de la tarde nos convencimos de que el gran canal terminaba como todos los examinados anteriormente en otra gran ensenada, pero sin embargo continuamos hacia su fondo con el deseo de ver a Tassis, pueblo de la residencia de Macuina, la mala opinión de este jefe, la retirada de Clupanuk por la mañana, y el terror con que los naturales habían huido de nosotros los días anteriores, eran otras tantas razones que debían añadir mucha circunspección a nuestra conducta. Puestas las lanchas de frente, bogaron hacia la población donde se dejó ver una muchedumbre de indios con las armas en la mano. Nosotros ocultamos cuidadosamente las nuestras y estando a la voz les hicimos entender por medio de intérprete nuestras ideas pacíficas y que deseábamos ver y conocer a su jefe, el cual tardó más de 15 minutos en mostrar su persona augusta. No perdonamos ninguna señal que pudiese expresar nuestro respeto a tan alto señor, le suplicamos viniese a bordo y creyendo empeñar su codicia, le enseñamos todas aquellas cosas que podían ser apreciables a un habitante de Nutka. Pero el orgulloso cacique se retiró sin responder palabra y después de echar sobre nosotros unas cuantas miradas llenas de indiferencia. Esto fue lo mismo que avivar nuestro deseo de visitarlo en su propia casa y habiendo hecho retirar las lanchas medio cable de la ribera para prevenir cualquier desorden por parte de nuestros marineros, de pasar las órdenes oportunas, etc., desembarcamos en el botecito acompañados solo del intérprete. La multitud se retiró a nuestra llegada y Macuina (a quien tal vez previno en nuestro favor la misma confianza con que lo buscábamos) recibió a la mitad del camino entre el pueblo y el desembarcadero, con un aire afable que no correspondía con su conducta anterior. Nos condujo a su casa donde lo primero que vimos fue un armero con catorce fusiles bien acondicionados y un hombre con otro fusil haciendo centinela, y en actitud de descansar sobre las armas. El cacique nos presentó a su mujer favorita, cuya preciosa figura no nos sorprendió menos que el centinela y los fusiles.

Tendría como 20 años de edad, distinguiéndose entre otras muchas que la rodeaban por su color blanquísimo, así como por la proporción y delicadeza de sus facciones. Si después de una navegación dilatada se pudiera juzgar con exactitud de la hermosura, nos atreveríamos a decir que esta graciosa muchacha excede en belleza a las heroínas de novela, como nos las hacen concebir los prestigios de la poesía y la imaginación creadora de los poetas. Después de haberle hecho varios presentes, le enseñamos el retrato de una mujer a la europea y la contempló con aquella atención que suelen fijar las mujeres sobre las que juzgar rivales de sí y pueden disputarles el premio de la hermosura.

»La casa de Macuina, que es igual a todas las que componen el pueblo, tiene setenta pies de frente y cincuenta de fondo, pero su elevación no corresponde a estas dimensiones. El techo, formado así como los costados de tablones bien unidos, se apoya sobre vigas de toda la longitud de la casa, sostenidas por gruesas columnas, unas y otras de pino sin labrar y en su forma natural. A los cuatro ángulos de la casa había otros tantos hogares ocupados por familias,

BAUZA, Felipe. View of entrance to Granada bearing 25° N by E distance 7 miles. Naval Museum, Madrid.

BAUZA, Felipe. Vista de la entrada de Granada demorando al N 25° E distancia 7 millas. Museo Naval. Madrid.

parientes o tal vez de la servidumbre del cacique, y sobre uno de los frentes, se dejaban ver dos figurones que imitaban con bastante propiedad el rostro humano, uso común de todas las casas de Nutka y cuya significación no nos atrevemos a asegurar. Después visitamos la familia de Canapi, padre de la primera mujer de Macuina, jefe subordinado, pero que goza de cierta autoridad. Canapi estaba fuera, pero su hijo mayor Keiskonuk se adelantó a recibirnos adornándose primero con un costoso manto de nutrias finísimas, de cuyo ceremonial se dispensó Macuina. Hecha esta visita, rodeados constantemente de un pueblo numeroso que nos sofocaba por todas partes y nos impedía el examen de aquellas cosas que llamaban nuestra atención, corrimos la población (cuyo frente ocupará una extensión de 300 toesas) que se forma de casas, cuya arquitectura simétrica y regular aunque sencilla ofrece una vista bastante agradable. Casi todas tienen ventanas de forma elíptica o cuadrada y en una de estas ventanas vimos una vidriera tal como nosotros la solemos disponer. Verosímilmente se la dejaría ..... el cual los proveyó con tanta abundancia de ciertos artículos propios de la Europa, que se hallan en estado de vender. Estos habitantes, cuyo comercio ha sido de pocos años a esta parte tan frecuente con los extranjeros, desestiman las obras de vidrio y los abalorios baladís. Los instrumentos de hierro tampoco tienen entre los nutkeños una estimación proporcionada a su coste en Europa y a las útiles aplicaciones que podían hacer de ellos a sus artes. Sabemos que la abundancia desvanece el valor de todas aquellas cosas que tienen una estimación puramente convencional, pero sin embargo, y aunque no es fácil calcular los influjos de la moda, se puede asegurar que el cobre y las conchas de Monterrey serán por algunos años los artículos más apreciados en la entrada de Nutka, sobre cuyo principio debe girar cualquier sistema de comercio, que se piense establecer sobre estas costas.»

«Estando adelantada la tarde y deseando ganar el canal de la Esperanza antes de la noche, nos restuimos a las lanchas. Macuina, que nos acompañó mientras estuvimos en tierra, vino también a las lanchas con nosotros, donde le despedimos con nuevos presentes. La edad de este jefe, cuyo nombre se repite con mucha frecuencia y más respeto en la entrada de Nutka, no pasará de 30 años, tiene una estatura baja, y es mal formado en la mitad inferior de su cuerpo, pero compensa estas faltas con un aire espiritual, lleno de majestad y de nobleza con que inspira naturalmente respeto a su persona. Nada pudimos averiguar con certeza relativamente a la costumbre que le atribuye exclusivamente de comer carne humana, sobre cuya circunstancia particular debían girar nuestros informes, no siendo dudable después de las noticias del capitán Cook, que este uso que degrada y deshonra a la especie humana, era común el año de 78 a todos los habitantes de Nutka. La propia fortuna tuvimos en otras cosas que procuramos saber. Nuestro intérprete, que sabía del idioma de Nutka, poco más que del griego, no se dejaba entender por lo común y para explicarnos recurríamos a las acciones, que teniendo una significación tan arbitraria como las palabras, no se entendían mejor. En estas circunstancias confesamos sin embarazo que habiendo estado en Tasis, poco más de una hora, nada podemos decir con seguridad de las ideas religiosas de este pueblo, de su constitución

civil, de la jurisdicción de Macuina sobre los caciques comarcanos, sin embargo nuestro desembarco en este pueblo puede tener una utilidad real. Una conducta generosa y suave tal vez ha destruido alguna opinión siniestra que estos hombres pudieran tener de los españoles, lo cual nunca puede ser desventajosa a nuestra nación, que procura con tanto empeño y a tanta costa mantener establecimientos sobre estos lugares.

BAUZA, Felipe. View of Puerto de los Remedios. Point A bearing 46° N by E. Distance 9½ miles. Naval Museum, Madrid.

BAUZA, Felipe. Vista del Puerto de los Remedios demorando el punto A al N 46° E distancia 9 ½ millas. Museo Naval. Madrid.

»El 22 llegó a las corbetas Nazapi, jefe de los nuchimases (pueblo de lo interior del continente) establecido actualmente en las inmediaciones de Tasis, aprovechando sus buenas disposiciones se adquirieron muchas noticias de las cuales pondremos a continuación las que confirmaron después otros jefes.

»Los habitantes de Nutka no tienen ideas claras de un Dios criador de todas las cosas, pero dan cierta especie de culto interior al espíritu de sus tahis (jefes), que desde las moradas celestiales presiden todos los objetos de la creación, se mueven a su voluntad con los vientos, rigen el universo y se explican a los hombres con los truenos. Las apoteosis introducidas en los antiguos pueblos por la memoria de algunos hombres bienhechores, se extiende entre los habitantes de Nutka a toda especie de jefes buenos y manos, sin excepción. No sabemos si estos jefes obran en el cielo de concierto o tienen repartido el mando de la naturaleza y tampoco pudimos averiguar si reciben de los nutkeños algún culto público y si hay entre estos hombres algunos destinados privativamente al ejercicio de los ministerios religiosos y a interpretar las voces de los dioses.

»Luego que mueren los jefes y antes de subir al cielo, permanecen cuatro días en Janie y otros cuatro en conuma, lugar donde se ponen sus cuerpos en depósitos. Las mujeres de los caciques tienen un destino menos feliz que el de los maridos. Se quedan en el mismo tasis donde viven, invisibles, dejándose algunas veces entender sus cánticos, llenos de suavidad y de dulzura. No se extiende a todos el privilegio de oírlos, siendo éste el premio de aquellas almas que han sabido ganar con sus virtudes la protección de los dioses. Pocas son las religiones que no tengan sus visionarios.

»Los mischimis o plebeyos son comunes con los jefes en la espiritualidad e inmortalidad del alma, pero cuando mueren, bajan al centro de la tierra donde pacen, comen piojos y están condenados a vivir eternamente en una perpetua ausencia del sol.

»Por poco que se reflexione sobre el origen y progresos de las primeras sociedades humanas, se concebirá que las leyes distributivas y civiles debieron preceder a las criminales, sin embargo nosotros sólo adquirimos de Nazapi algunas noticias sobre estas últimas. El que mata a otro, espía su delito con una prisión de 10 días, pero la reincidencia de este delito, se paga irremisiblemente con la vida. Al ladrón le cortan el pelo y los dedos de las manos, le sajan la cara y con estas señales inextinguibles de infamia, le destierran como indigno de vivir en la sociedad. El adulterio se castiga en el hombre con la muerte, modificándose en las mujeres esta pena a cuatro días de reclusión. Si el adúltero es algún jefe y la adúltera mujer de otro tahis, se juntan el ofensor y ofendido, se injurian de palabras y se separan luego para siempre.

»Los derechos a la sucesión a la corona siguen entre los nutkeños el mismo orden que entre nosotros y cuando falta heredero legítimo, se congrega el pueblo y se elige el nuevo príncipe a pluralidad de votos.

»Refieren la medida del tiempo al movimiento y fases de la luna, y por medio de las diversas alturas del sol; subdividen el día, miden en pequeño el tiempo y arreglan los usos de la vida civil. A estas noticias podríamos añadir otras muchas, si no ocuparan lugar y estuvieran mejor confirmadas.

»La misma tarde del 27 nos visitó Macuina, cuya confederación aseguramos con presentes cuantiosos y el 28 dimos la vela de San Lorenzo, cerradas nuestras tareas geodésicas y astronómicas y después de surtir a nuestro establecimiento de una multitud de artículos de que carecía y cuya necesidad no era tan urgente en las corbetas.

»Desde el 28 de Agosto hasta el 11 de Septiembre, hicimos la navegación a Monterrey y perdiendo de vista pocas veces la tierra, determinando las posiciones absolutas y relativas de los puntos notables y esencialmente las de aquellos que pueden servir de recalada y reconocimiento en la derrota de Filipinas a San Blas, Acapulco, etc.»

La mañana del 10, reconocida la punta del Año Nuevo hicimos rumbo a el surgidero de Monterrey, que unas nieblas perpetuas hacen difícil de tomar. Algunos (ilegible) por el presidio, cuando se le piden con otros, son el único norte de la (ilegible) buscan el fondeadero por cualquiera época del año; pero nosotros añadimos (ilegible) los de un práctico tomado en Nutka, y cuya inteligencia fue recomendada (ilegible) al jefe de la expedición.

Navegabamos con un horizonte de media milla cuando sobre una clara conoció el práctico que estábamos a sotavento del puerto y en un lugar donde para tomarlo, y siguiendo la práctica de todas las embarcaciones se debía fondear. Nuestra situación pedía de todos modos un partido pronto. ¿Y quién sin conocimientos prácticos de estos lugares, sin noticias exactas de ellos, sin un plano que mereciese alguna fe, etc., podía contradecir la opinión de un hombre que había estado catorce veces en Monterrey y hablaba con la firmeza de la verdad? Dejamos caer un ancla en 30 brazas de agua y a pocos instantes levantó el día, entonces y cuando la vista de la costa nos permitió juzgar de nuestra verdadera situación, conocimos que estábamos fondeados a milla y media de la costa (entre las puntas de Pinos y Cipres) con viento travesía y una gruesa mar del viento. A poco tiempo de fondear la *Atrevida* le faltó el cable y aunque se dejó caer con prontitud otra ancla, no dejó de meterse más en el empeño.

Así que fondeamos creció la mar, disminuyendo el viento, y este accidente menos singular de lo que parece a primera vista, aumentó los riesgos de nuestra situación al paso que disminuía los recursos para salir de ella. En tales circunstancias pasamos la tarde y noche del 10 hasta la mañana del 11, que refrescando el viento por el NNO. dimos la vela picando el cable sobre codera para asegurar nuestra caída sobre babor. Bordeamos todo el día con una niebla tan densa que en muchas ocasiones no se veían las corbetas a medio cable, y a las 8 de la noche fondeamos en Monterrey.

Un día y una noche oscurísimos, un viento contrario, un plano según el cual navegábamos muchas veces sobre la tierra y un práctico llego de ignorancia y osadía. Estos fueron nuestros recursos para entrar en el surgidero, entrada donde (fuera de aquellas prácticas y rutineras que igualan y confunden a todos) se manifestó el talento de las combinaciones prontas y delicadas y cuyo por menor omitimos por no hacer sospechosa esta narración, digo relación.

Desde el 12 se desembarcaron los instrumentos y se hicieron cuantas observaciones estuvieron en nuestra mano, y nos eran conducentes, aunque se calcularon varias ocultaciones de estrellas por la luna, el cielo no permitió observación ninguna (a). Desde el mismo día se dio a los equipajes ración de carne fresca, se les permitió pasear en tierra sin omitir ningún medio que fuese útil para llevar adelante el buen estado de su salud.

CARDERO, José. Hat of Mulgrave's Indian chief. America Museum, Madrid.

CARDERO, José. Sombrero del jefe de Mulgrave. Museo América. Madrid.

(a) Para formar una idea de modo como se han multiplicado las observaciones que han sido posibles, basta saber que en esta campaña y hasta la época del día, se han tomado más de mil doscientas series de distancias lunares.

El día 18 salieron las lanchas de ambas corbetas bajo las órdenes de los tenientes de navío Don Cayetano Valdés y Don José Robredo, con el designio de rastrear las tres anclas que perdimos el 10. Los trabajos de las lanchas debían ser auxiliados por la goleta *Saturnina*, que había tomado este fondeadero el 15, y se puso bajo la conducta del teniente de fragata Don Francisco Viana. Estos oficiales pusieron en ejercicio lo más delicado de la facultad, pero las nieblas, las mares de leva, la profundidad de las aguas, la desigualdad de los fondos, etc., frustraron sus bellas disposiciones y devolvieron al puerto la tarde del 20 sin esperanzas de que las anclas se encontrasen jamás.

El 26 de Septiembre dimos la vela de Monterrey, esta colonia que tuvo principio en 1770, no ha florecido a proporción de la fertilidad de sus tierras, pero desde ella se han difundido las misiones entre los 38 y 34 grados de latitud a lo largo de las costas, y en lo interior del continente. Las misiones que propiamente se pueden llamar hijas de la de Monterrey son once, y actualmente se entiende en el establecimiento de otras dos bajo la advocación de la Soledad y Santa Cruz. En todas se han convertido hasta esta época 13.343 indios, de los cuales sólo existen actualmente 8.928. Dos religiosos franciscanos, observantes, que predican la fe en cada misión, cuidan al propio tiempo de la subsistencia de los convertidos, a la cual proveen suficientemente con 19.623 fanegas de trigo, maíz y otras semillas que producen algunas tierras cultivadas por los mismos indios, y con el fruto de 48.149 cabezas de ganado de todas especies y son propias de las misiones.

Desde Monterrey corrieron las corbetas al sur, dando vista a los cabos, islas y los puntos en cuyo exacto establecimiento se interesaba la navegación de estas costas, y el 6 de Octubre se separaron sobre el cabo de San Lucas. La *Descubierta* hizo rumbo a San Blas y la *Atrevida* al puerto de Acapulco, donde fondeó la tarde del 16, después de trazar el pedazo de costa desde cabo Corrientes.

Acapulco, 17 de Octubre de 1791

BAUZA, Felipe. Dugout.
America Museum,
Madrid.

BAUZA, Felipe. Piragua.
Museo América. Madrid.

EXPEDITION OF THE CORVETTES *DESCUBIERTA* AND *ATREVIDA*
1791

EXPEDICION DE LAS CORBETAS DESCUBIERTA Y ATREVIDA
1791

BAUZA, Felipe. The corvettes *Descubierta* and *Atrevida* beneath Mt Saint Elias.
Naval Museum, Madrid.

BAUZA, Felipe. Las corbetas Descubierta y Atrevida ante el Monte San Elías.
Museo Naval. Madrid.

BRAMBILLA, Ferdinando. View of the coast near the Mulgrave Strait showing a natural gallery.
America Museum, Madrid.

BRAMBILA, Fernando. Vista de la costa en el Estrecho de Mulgrave con una galería natural.
Museo América. Madrid.

CARDERO, José. Indians' lodgings at Port Mulgrave. America Museum, Madrid.

CARDERO, José. Alojamiento de los indios en Puerto Mulgrave. Museo América. Madrid.

CARDERO, José. Roofless winter home at Port Mulgrave. America Museum, Madrid.

CARDERO, José. Casa de invierno, sin techo, en Puerto Mulgrave. Museo América. Madrid.

BRAMBILLA, Ferdinando. Pyre and tombs of the current Ankau's family at Port Mulgrave. Naval Museum, Madrid.

BRAMBILA, Fernando. Pira y sepulcros de la familia del actual Ankau en el Puerto Mulgrave. Museo Naval. Madrid.

CARDERO, José. Tomb of Mulgrave's previous Ankau.
Naval Museum, Madrid.

CARDERO, José. Sepulcro del anterior Ankau de Mulgrave.
Museo Naval. Madrid.

CARDERO, José. Pyre and tombs of the current Ankau's family at Port Mulgrave. Naval Museum, Madrid.

CARDERO, José. Pira y sepulcros de la familia del actual Ankau en Mulgrave. Museo Naval. Madrid.

CARDERO, José. Views of Port Mulgrave. America Museum, Madrid.

CARDERO, José. Escenas en Puerto Mulgrave. Museo América. Madrid.

SURIA, Tomás de. Withdrawing from the quarter circle. Naval Museum, Madrid.

SURIA, Tomás de. Retirada del cuarto de círculo en Puerto Mulgrave. Museo Naval. Madrid.

ANONYMOUS. The chief of Mulgrave making peace. America Museum, Madrid.

ANONIMO. El cacique de Mulgrave pidiendo la paz. Museo América. Madrid.

RAVENET, Juan. View of Puerto Desengaño. Naval Museum, Madrid.

RAVENET, Juan. Vista del Puerto Desengaño. Museo Naval. Madrid.

CARDERO, José. Mulgrave Indian and child. Naval Museum, Madrid.

CARDERO, José. India de Mulgrave con su hijo. Museo Naval. Madrid.

SURIA, Tomás de. Mulgrave Indian. Naval Museum, Madrid.

SURIA, Tomás de. India de Mulgrave. Museo Naval. Madrid.

Mulgrave

SURIA, Tomás de. Mulgrave Indian. America Museum, Madrid.

SURIA, Tomás de. India de Mulgrave. Museo América. Madrid.

Indio de Mulgrave.

SURIA, Tomás de. Mulgrave Indian. America Museum, Madrid.

SURIA, Tomás de. Indio de Mulgrave. Museo América. Madrid.

Indio de Mulgrave

CARDERO, José. Mulgrave Indian. Naval Museum, Madrid.

CARDERO, José. Indio de Mulgrave. Museo Naval. Madrid.

de Mulgrave

CARDERO, José. Mulgrave Indian and child. Naval Museum, Madrid.

CARDERO, José. India de Mulgrave con su hijo. Museo Naval. Madrid.

CARDERO, José. Indian and Chief of Port Mulgrave. Naval Museum, Madrid.

CARDERO, José. Indio y Jefe del puerto de Mulgrave. Museo Naval. Madrid.

BAUZA, Felipe. Nootka beach and settlement. Naval Museum, Madrid.

BAUZA, Felipe. Playa y establecimiento de Nutka. Museo Naval. Madrid.

BRAMBILLA, Ferdinando. View of Nootka beach and settlement. America Museum, Madrid.

BRAMBILA, Fernando. Vista del establecimiento y puerto de Nutka. Museo América. Madrid.

CARDERO, José. Nootka harbour. America Museum, Madrid.

CARDERO, José. Puerto de Nutka. Museo América. Madrid.

SURIA, Tomás de. Dance on Nootka beach. Naval Museum, Madrid.

SURIA, Tomás de. Baile en la playa de Nutka. Museo Naval. Madrid.

Caciqué P.al de Nutca nombrado
Maguina

SURIA, Tomás de. Dance on Nootka beach. Naval Museum, Madrid.

SURIA, Tomás de. Baile en la playa de Nutka. Museo Naval. Madrid.

SURIA, Tomás de. Macuina, main chief of Nootka. Naval Museum, Madrid.

SURIA, Tomás de. Macuina, cacique principal de Nutka. Museo Naval. Madrid.

SURIA, Tomás de. Tlupanamabu, chief of Nootka. Naval Museum, Madrid.

SURIA, Tomás de. Tlupanamabu, cacique de Nutka. Museo Naval. Madrid.

Gefe de Nutka

SURIA, Tomás de. Macuina, main chief of Nooka. America Museum, Madrid.

SURIA, Tomás de. Macuina, cacique principal de Nutka. Museo América. Madrid.

Muger de Nutka

SURIA, Tomás de. Nootka woman. America Museum, Madrid.

SURIA, Tomás de. Mujer de Nutka. Museo América. Madrid.

SURIA, Tomás de. Nootka woman. Naval Museum, Madrid.

SURIA, Tomás de. Mujer de Nutka. Museo Naval. Madrid.

BAUZA, Felipe. Nootka Indian. America Museum, Madrid.

BAUZA, Felipe. Indio de Nutka. Museo América. Madrid.

CARDERO, José. Nootka woman. America Museum, Madrid.

CARDERO, José. Mujer de Nutka. Museo América. Madrid.

SURIA, Tomás de. Nootka Indian. Naval Museum, Madrid.

SURIA, Tomás de. Indio de Nutka. Museo Naval. Madrid.

CARDERO, José. Indian man and woman from Nootka. America Museum, Madrid.

CARDERO, José. India e indio de Nutka. Museo América. Madrid.

CARDERO, José. Laughing gull.
Naval Museum, Madrid.

CARDERO, José. Gaviota (Larus atricilla).
Museó Naval. Madrid.

CARDERO, José. Woodpecker. Naval Museum, Madrid.

CARDERO, José. Picus (Picida). Museo Naval. Madrid.

CARDERO, José. A passerine. Naval Museum, Madrid.

CARDERO, José. Ave (Paseriforme). Museo Naval. Madrid.

CARDERO, José. Grackle. Naval Museum, Madrid.

CARDERO, José. Gracula (Icterida). Museo Naval. Madrid.

CARDERO, José. Grouse. Naval Museum, Madrid.

CARDERO, José. Tetrao (Regio-montanus). Museo Naval. Madrid.

CARDERO, José. A ptarmigan (Lagopus americanus).
Naval Museum, Madrid.

CARDERO, José. Tetrao (Lagopus americano).
Museo Naval. Madrid.

CARDERO, José. Tern.
Naval Museum, Madrid.

*CARDERO, José. Golondrina de mar.
Museo Naval. Madrid.*

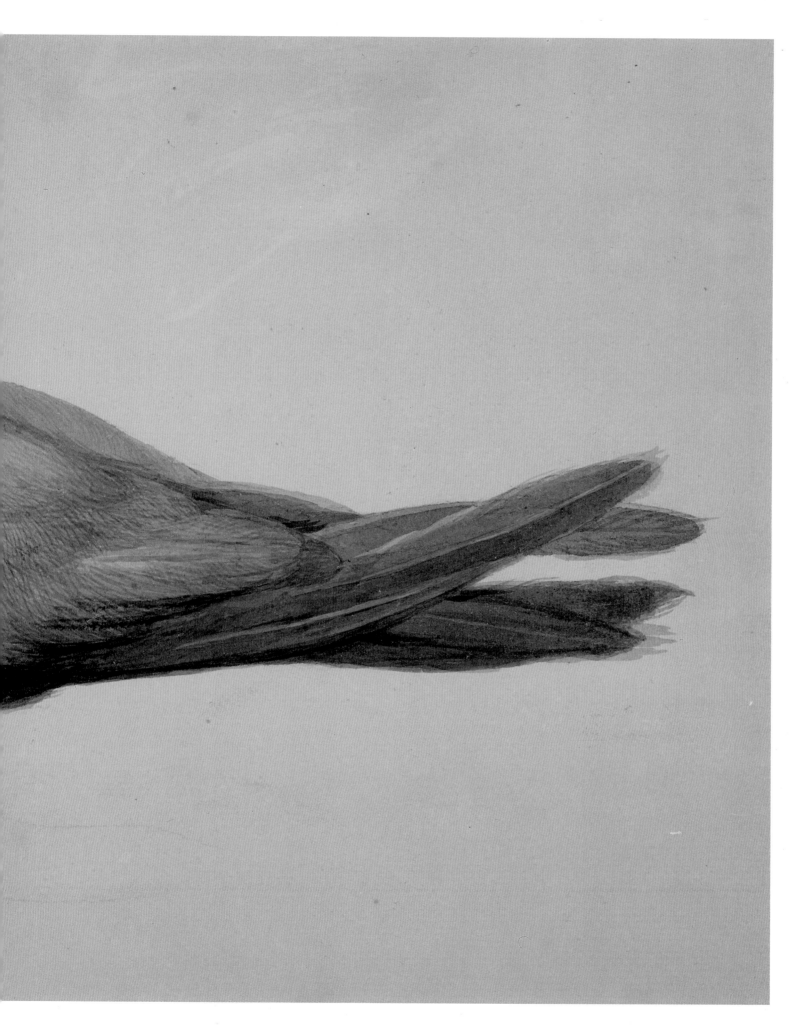

EXPEDITION OF THE SCHOONERS *SUTIL* AND *MEXICANA*
1792

EXPEDICION DE LAS GOLETAS SUTIL Y MEXICANA
1792

CARDERO, José. The schooners *Sutil* and *Mexicana* at Núñez Gaona harbour. America Museum, Madrid.

CARDERO, José. Las goletas Sutil y Mexicana en el Puerto de Núñez Gaona. Museo América. Madrid.

CARDERO, José. The schooners *Sutil* and *Mexicana* in Fuca. Naval Museum, Madrid.

CARDERO, José. View of the Vernacci Canal, Fuca. America Museum, Madrid.

CARDERO, José. Las goletas Sutil y Mexicana en Fuca. Museo Naval. Madrid.

CARDERO, José. Vista del Canal de Vernacci, en Fuca. Museo América. Madrid.

CARDERO, José. Indian fortification at Fuca. America Museum, Madrid.

CARDERO, José. Fortificación de los indios en Fuca. Museo América. Madrid.

CARDERO, José. View of the Salamanca Canal, Fuca. Naval Museum, Madrid.

CARDERO, José. Vista del remate del Canal de Salamanca en Fuca. Museo Naval. Madrid.

BRAMBILLA, Ferdinando. Suspicious Indian surveillance in the Salamanca Canal. America Museum, Madrid.

BRAMBILA, Fernando. Sospechoso seguimiento de los indios en el Canal de Salamanca. Museo América. Madrid.

CARDERO, José. View of the settlement at Majoa. America Museum, Madrid.

CARDERO, José. Vista de la gran ranchería de Majoa. Museo América. Madrid.

CARDERO, José. Party held by Macuina in Nootka. America Museum, Madrid.

CARDERO, José. Fiesta celebrada en Nutka por Macuina. Museo América. Madrid.

CARDERO, José. Tetaku's second wife. America Museum, Madrid.

CARDERO, José. Segunda mujer de Tetakú. Museo América. Madrid.

CARDERO, José. Tetaku's wife. America Museum, Madrid.

CARDERO, José. Mujer de Tetakú. Museo América. Madrid.

CARDERO, José. Maria, Tetaku's wife. America Museum, Madrid.

CARDERO, José. María, mujer de Tetakú. Museo América. Madrid.

CARDERO, José. Maria, Tetaku's wife. Naval Museum, Madrid.

CARDERO, José. María, mujer de Tetakú. Museo Naval. Madrid.

CARDERO, José. Tetaku — chief of the Fuca inlet. America Museum, Madrid.

CARDERO, José. Tetakú, Jefe de la entrada de Fuca. Museo América. Madrid.

CARDERO, José. Tetaku — chief of the Fuca inlet. Naval Museum, Madrid.

CARDERO, José. Tetakú, Jefe de la entrada de Fuca. Museo Naval. Madrid.

CARDERO, José. Chief of the Wentuisen Sound. Naval Museum, Madrid.

CARDERO, José. Jefe de las Bocas de Wentuisen. Museo Naval. Madrid.

CARDERO, José. Chief of Puerto del Descanso. America Museum, Madrid.

CARDERO, José. Jefe de Puerto del Descanso. Museo América. Madrid.

CARDERO, José. Chief of Langara Point. Naval Museum, Madrid.

CARDERO, José. Jefe de la Punta de Lángara. Museo Naval. Madrid.

CARDERO, José. Indian from the Salida de las Goletas. America Museum, Madrid.

CARDERO, José. Indio de la Salida de las Goletas. Museo América. Madrid.

CARDERO, José. Wooden plank found in the Tabla Canal. America Museum, Madrid.

CARDERO, José. Box where the Chief of Nookta shut himself up. Naval Museum, Madrid.

CARDERO, José. Tabla de madera encontrada en el Canal de Tabla. Museo América. Madrid.

CARDERO, José. Cajón donde se encierra el Jefe de Nutka. Museo Naval. Madrid.

COSTA NW DE AMERICA
ALBUM ICONOGRAFICO DE LA
EXPEDICION MALASPINA

Estudio de

María Dolores Higueras

LA EXPEDICION MALASPINA:
POLITICA Y CIENCIA EN LA ESPAÑA ILUSTRADA

La Marina ilustrada

El cambio de dinastía, el desarrollo del racionalismo ilustrado y la nueva política emprendida por el Estado pondrán de manifiesto nuevamente el protagonismo de la Marina en el ámbito del desarrollo científico nacional.

Los planes de Patiño, Ensenada y Valdés impulsarán un completísimo programa naval que abarcará desde la formación científica de los oficiales hasta la creación de una importante infraestructura institucional. Así, entre 1717 y 1772 se crean en Cádiz:

1.- La Academia de Guardias Marinas (1717).
2.- El Colegio de Cirugía de la Armada (1748).
3.- El Observatorio Astronómico (1753).
4.- La Escuela de Ingenieros de Marina (1772).
5.- El Depósito Hidrográfico (1770), más tarde Dirección de Hidrografía (1797).

Este ambicioso plan de renovación se completará con el fomento decidido de la construcción naval, que condujo a la reconstrucción del Real Astillero de Guarnizo y a la renovación de los americanos de Guayaquil y La Habana. Asimismo, se creará el departamento de San Blas, desde el que se impulsará la última gran expansión marítima española hacia Alaska.

Esta eficaz renovación de la Armada le era imprescindible al Estado para retomar y reforzar el control de la administración ultramarina, porque la gran amenaza al inmenso imperio se presentaba nuevamente por mar.

En efecto, la presencia cada vez más significativa en el Pacífico de rusos, ingleses y franceses, requería una inmediata acción de control marítimo del área desde el estrecho de Magallanes hasta Alaska, reforzando la presencia española en la Polinesia y organizando rutas comerciales alternativas y nuevos puertos de abastecimiento.

De ahí la prioridad que el Estado otorga, en estos años, a los levantamientos cartográficos, que pondrá en marcha mediante importantes comisiones hidrográficas, organizadas unas desde la península y otras desde los propios virreinatos y gobernaciones ultramarinas, que cartografiarán la totalidad de las costas americanas, desde Patagonia hasta Alaska, las Filipinas y otros archipiélagos del Pacífico.

El nuevo programa de fomento de la Marina dará pronto espectaculares resultados. El resurgir de la construcción naval e industrias auxiliares, la formación científica de los oficiales y pilotos, la creación del Observatorio Astronómico y, sobre todo, el establecimiento del curso de «Estudios Mayores» en el Observatorio en 1783 originará una brillante generación de marinos-científicos en la que se asienta, en gran medida, nuestro tardío movimiento ilustrado, en el que las instituciones científicas de la Armada jugarán un papel decisivo, impulsando la nueva mentalidad y constituyendo uno de los más firmes vínculos de conexión con Europa.

Marco científico y propuesta del viaje

Durante el siglo XVIII, España prestó atención preferente a la organización de expediciones científicas ultramarinas destinadas al mejor conocimiento de las producciones de los tres reinos de la naturaleza. Estas expediciones tuvieron como resultado, además del conocimiento de los animales, plantas y minerales de los territorios ultramarinos, una abundantísima documentación sobre las virtudes medicinales, usos industriales y aplicaciones comerciales de dichas producciones.

En la segunda mitad del siglo XVIII, el Jardín Botánico de Madrid, dirigido por Casimiro Ortega, mantuvo una activa correspondencia con otras entidades semejantes de otros países. Las remesas de plantas y semillas recogidas por los naturalistas de las distintas expediciones enviadas a América y Filipinas convirtieron a este organismo en uno de los mejores proveedores de especies vegetales nuevas.

Las expediciones que se organizaron en España antes de terminar el siglo XVIII para la recolección y estudio de las plantas americanas culminaron con el viaje de Humboldt y Bonpland (1799-1804), autorizado por la Corona española. Al éxito de su empresa, más afortunada que otras anteriores en cuanto a la publicación de sus resultados, contribuyeron de manera definitiva los trabajos de los científicos y exploradores españoles que les precedieron.

Prácticamente todos los viajes y expediciones científicas que se enviaron a América en el siglo XVIII estuvieron promovidas y respaldadas por la Corona, coincidiendo con los dos grandes reinados del siglo:

Reinado de Carlos III (1759-1788):
- Expedición de Límites hispano-portuguesa al Orinoco (1754-1760). Naturalista: Pedro Löefling.
- Expedición de Límites hispano-portuguesa al Río de la Plata (1781-1801). Naturalista: Félix de Azara.
- Expedición botánica de Nueva Granada (1783-1813). Naturalista: J. C. Mutis.
- Expedición botánica de Perú y Chile (1777-1787). Naturalista: Ruiz y Pavón.

Reinado de Carlos IV (1788-1808):
- Expedición botánica de Filipinas (1786-1805). Naturalista: Juan Cuéllar.
- Expedición mundial de Malaspina (1789-1794). Naturalistas: Antonio Pineda, Tadeo Haenke, Luis Née.
- Expedición botánica de Nueva España (1795-1804). Naturalista: Sessé y Moziño.
- Expedición mineralógica de Chile y Perú (1795-1800). Naturalistas: Hermanos Heuland.
- Expedición real a la isla de Cuba del conde de Mopox (1796-1802). Naturalistas: Baltasar Boldó y José Guío.

Este colosal esfuerzo de la Corona española hará exclamar a Humboldt: «Ningún gobierno europeo ha invertido sumas mayores para adelantar el conocimiento de las plantas que el gobierno español, tres expediciones botánicas, las de Perú, Nueva Granada y Nueva España... han costado al Estado unos dos millones de francos... Toda esta investigación realizada durante veinte años en las regiones más fértiles del nuevo continente, no sólo han enriquecido los dominios de la ciencia con más de 4000 nuevas especies de plantas; han contribuido también espaciadamente a la difusión del gusto por la Historia Natural, entre los habitantes del país.»

La expedición. Una empresa ilustrada

La intensificación y reorganización del tráfico marítimo con América y Filipinas puesta en marcha por Patiño mediante el traslado de la Casa de Contratación a Cádiz en 1717 y la creación de las Compañías de comercio de Caracas en 1728 y de Filipinas en 1732, junto con la competencia del comercio español en el Pacífico frente a ingleses, franceses y rusos, harán necesaria una mayor precisión cartográfica en los levantamientos costeros y propiciarán, en la segunda mitad del siglo, importantes comisiones hidrográficas que cartografiarán con la mayor precisión posible, gracias a la utilización de los nuevos cronómetros para determinar la longitud, las costas españolas y la totalidad de las de las posesiones ultramarinas en América, Filipinas y archipiélagos del Pacífico y Oceanía.

En este contexto se encuadra la gran expedición, que al mando de Alejandro Malaspina y José Bustamante y Guerra, recorre durante 62 meses las costas de toda América, desde Buenos Aires a Alaska, las islas Filipinas y Marianas, el archipiélago de Vavao, Nueva Zelanda y Australia.

Malaspina será el alma de esta empresa modélica en la que colaboran, asimismo, los más importantes oficiales del momento formados en la Escuela de Guardiamarinas y más tarde en la Escuela de Altos Estudios del Observatorio Astronómico, oficiales con experiencia en los nuevos métodos científicos y que habían utilizado ya los cronómetros ingleses para la determinación de la longitud.

Ésta será una gloria más del propio Malaspina, que, disponiendo de absoluta libertad para seleccionar sus dotaciones, elige sin duda a los mejores; a Bustamante y Guerra como segundo comandante, y a los oficiales Tova Arredondo, Valdés, Alcalá Galiano, Quintano, Gutiérrez de la Concha, Viana, Robredo, Vernacci y Salamanca, a los que se unen más tarde, en Acapulco, Espinosa y Tello y Cevallos. Todos ellos excelentes astrónomos e hidrógrafos.

Para la delineación de las cartas elige a Bauzá, el mejor disponible en el momento, y con el mismo cuidado y acierto selecciona capellanes, contadores, cirujanos, botánicos y artistas, cuidando de manera particular la elección de pilotos y pilotines. Ésta será, sin duda, la mejor garantía de la empresa.

La expedición, organizada con gran despliegue de medios materiales y técnico-científicos, está impulsada por claras razones de Estado. En este sentido las misiones de la expedición serán múltiples, políticas unas y científicas otras. Entre las políticas destacan:

1.- Establecer qué puertos eran los más idóneos para la Armada.

2.- Constatar la eficacia y seguridad de las rutas marítimas comerciales, estudiando posibles alternativas.

3.- Informar sobre la situación defensiva de las costas y puertos y la efectividad de estos recursos ante una posible agresión enemiga.

4.- Averiguar, si fuera posible, el estado de los establecimientos extranjeros en la zona, especialmente de los ingleses en Australia y de los portugueses en Macao.

5.- Cartografiar, con la mayor precisión, las costas americanas y otras posesiones españolas en el Pacífico que garantizarán la seguridad de la navegación.

Además de estos objetivos de marcado contenido estratégico, la expedición tenía otros de carácter político-administrativo. No menos importante que los primeros, parecía a la Monarquía un nuevo y profundo estudio de la situación político-económica de los virreinatos, dirigido tanto al conocimiento de la situación administrativa y social, como a la valoración de los recursos económicos que permitirán reorganizar el comercio interno y potenciar el externo.

Por último, la expedición contemplaba también importantes objetivos científicos, ya que una sociedad europeísta e ilustrada demandaba en una empresa de tal magnitud, el mayor cuidado y extensión para las tareas botánicas y otros estudios científicos de todo tipo. El conocimiento de la realidad americana tuvo un atractivo indiscutible para la ciencia ilustrada, pues sus plantas, animales y minerales eran indispensables a los científicos para construir una definitiva taxonomía de la naturaleza.

La generosa dotación de medios técnicos, hombres y financiación puestos a disposición de esta expedición por la Corona es realmente espectacular. No cabe ninguna duda de que el Estado intentó, a través de ella, un definitivo conocimiento de la situación ultramarina, así como de los recursos que todavía podían arbitrarse para asegurar la hegemonía española en el Pacífico y el control administrativo del imperio.

LA EXPEDICIÓN MALASPINA EN LA COSTA NOROESTE DE AMÉRICA SEPTENTRIONAL EN 1791

Antecedentes

Cuando Malaspina y Bustamante proponen al Rey su proyecto de viaje político-científico[1] en septiembre de 1788, España ha llevado a cabo ya intensas y extensas campañas de descubrimiento al norte de California hacia Alaska. El establecimiento de los rusos en la costa septentrional de América y las frecuentes incursiones inglesas a la búsqueda del ansiado «paso» interoceánico que propiciase el comercio inglés en el Pacífico había obligado a la Corona española a reforzar su presencia naval en las costas septentrionales para evitar que estos territorios, ahora de vital interés estratégico, le fueran arrebatados. La inteligente política de Gálvez pone en pie un extenso proyecto de penetración y asentamientos hacia el norte que tendrá una doble proyección: terrestre, impulsando las misiones muy al norte de la California, y marítima, mediante el establecimiento de un nuevo departamento marítimo, el de San Blas, que a pesar de sus muchos inconvenientes y alto costo de mantenimiento, habría de ser fundamental para impulsar y llevar a cabo la última gran expansión descubridora de España en América, desde California hacia Alaska.

Desde la fundación de San Blas por Gálvez en 1768 hasta la llegada de la expedición de Malaspina y Bustamante a México en 1791, diversos navegantes españoles habían alcanzado desde San Blas altas latitudes. Así, las diversas expediciones enviadas por Gálvez habían alcanzado San Diego en 1769, Monterrey en 1770 y San Francisco en 1774; el mismo Juan Pérez en 1774 había alcanzado los 54°40'N; Bodega y Cuadra y Mourelle en 1775, los 58°30'N, y Arteaga en 1779, los 61°N, entre otras.

Todas ellas, además de reivindicar los territorios para la Corona española habían proporcionado importantes datos geográficos e hidrográficos de la costa e información muy abundante acerca de los establecimientos rusos en el área más septentrional.

La costa noroeste en el proyecto inicial de Malaspina y Bustamante

En su propuesta inicial presentada al Rey en septiembre de 1788, la costa noroeste de América septentrional aparece en un lugar secundario desde el punto de vista geográfico, posiblemente porque ambos oficiales conocen bien la intensa acción marítima que se está llevando a cabo desde San Blas. Así, otros objetivos, como por ejemplo el reconocimiento geográfico de las islas Sandwich, será presentado por ellos como más útil a la geografía, por ser más desconocidas sus costas para los navegantes hispanos. El proyecto de navegación a la costa noroeste se presenta en el proyecto inicial, más bajo la perspectiva económico-política, que bajo la estrictamente geográfica.

Así Malaspina y Bustamante dicen al Rey en 1788:

«Deberá por consiguiente quedar dividida la historia [del viaje] en dos partes, la una pública, que comprenderá además del posible acopio de curiosidades para el Real Gabinete y Jardín Botánico, toda la parte geográfica e histórica; la otra reservada, que se dirigirá a las especulaciones políticas ... en las cuales, si el gobierno lo hallase conveniente, podrá comprenderse el establecimiento ruso en California y los ingleses de Bahía Botánica y Liqueyos. Puntos todos interesantes así para las combinaciones del comercio, como de hostilidad [...]»[2].

Más adelante, al exponer su plan de operaciones, definen aún más claramente sus objetivos respecto a la costa noroeste al afirmar: «el año 1790 se empleará en las costas occidentales de América desde Chiloé a S. Blas», para dedicar los meses de enero a marzo de 1791 al reconocimiento de las islas Sandwich y seguir, dicen luego, costeando la California "al Norte entre el Asia y la América hasta donde lo permitan las nieves y hecha escala en Kamchatka (si el Gobierno lo tuviera a bien) se seguirá al Cantón para vender las pieles de nutria a favor de las marinerías [...]»[3].

En ningún punto del plan propuesto en 1788 figura la investigación del famoso «paso» que impulsaba ya por aquel entonces los esfuerzos de Inglaterra y de la propia España, sino más bien los estratégicos relacionados con los asentamientos rusos y la extensión del comercio de pieles en la zona. De hecho, Malaspina había solicitado a Valdés en enero de 1789[4] «por la vía más reservada» todos los mapas y documentos publicados de la expedición rusa a Kamchatka en 1734 y cuantas obras impresas o manuscritas puedan hallarse en París respecto a los viajes rusos a las costas septentrionales de América, comisión que Valdés encarga al embajador español en París, conde de Fernán Núñez, que ya en febrero de 1789[5] envía una relación de obras relativas a los viajes rusos para uso de la Expedición Malaspina, incluyendo en abril de ese mismo año[6] el extracto, realizado asimismo en París, del viaje de La Pérouse desde Manila a Kamchatka.

Dado, no obstante, el carácter tentativo y de contenidos claramente políticos que los reconocimientos de la costa noroeste tenían en la propuesta del viaje aprobada por el Rey en octubre de 1788[7], Malaspina pide a Valdés[8] en un oficio enviado el 24 de abril de 1789, muy avanzados ya los preparativos y organización de la expedición, que precise el carácter que deberán tener los reconocimientos de las costas de California y noroeste y si habrían de reconocer finalmente los establecimientos ingleses de Nueva Holanda, pidiendo así la conformidad real a los planteamientos estratégico-políticos que Malaspina había sugerido. Sólo dos meses más tarde, en junio de 1789, se perfilan nuevas intenciones, ahora sí geográficas, para los reconocimientos propuestos anteriormente y ello se debe al hallazgo de un documento singular, la relación del viaje de Ferrer Maldonado[9] en el archivo de Indias. Espinosa, que llevaba a cabo por esas fechas una importante comisión de copia de documentos de interés para el viaje por mandato de Malaspina, fue el autor de dicho hallazgo.

Inmediatamente, Malaspina envía comunicación a Valdés el día 9 de junio desde La Carraca, resaltando el valor de dicho documento[10] y solicitando su autorización para comunicar su existencia a las academias de Londres y París. El 30 de junio de ese mismo año recibe de Valdés[11] la autorización real para que, en el curso de su expedición, intente el descubrimiento del paso de Ferrer Maldonado, advirtiéndole, no obstante, que es voluntad del Rey que no se comunique su existencia a las academias de París y Londres hasta no haber logrado encontrarlo.

La expedición Malaspina en México. Nuevas instrucciones reales

Tras su fructífera estada en Panamá, y dividida nuevamente la expedición para multiplicar los reconocimientos científicos, a la altura del golfo Dulce, recibe Bustamante instrucciones de Malaspina[12] para dirigirse directamente a Acapulco y de allí a S. Blas, mientras la *Descubierta* recalaría todavía en Realejo e intentaría levantar la costa centroamericana hasta Acapulco.

En esta primera recalada de la *Atrevida* en San Blas, entre el 30 de marzo y el 13 de abril de 1791, recibe Bustamante, el día 5 de abril[13] por un correo extraordinario, pliegos de S.M.[14], ordenando expresamente que la expedición realizara la comprobación de la existencia del paso entre el Pacífico y el Atlántico señalado por Ferrer Maldonado (reconocimiento que ya en junio de 1789, como hemos visto, había propuesto Malaspina a Valdés), enviando el Rey, junto con sus instrucciones, la memoria que defendía la existencia de dicho paso y que había sido leída por el académico francés Buache, en la Academia francesa el 13 de noviembre de 1790. Bustamante anota en su diario[15] ese día (5 abril 1791):

«Aunque S.M. había dejado al arbitrio de Malaspina la ejecución de la campaña del Norte, era ahora su real ánimo la verificase con aquel objeto (la comprobación del paso de Ferrer Maldonado) y con presencia de este documento (la memoria leída por Buache).»

Mientras tanto, Malaspina, detenido por las calmas en la costa centroamericana, se ve obligado a retrasar su llegada a Acapulco, prevista en principio hacia el 20 de febrero de 1791, hasta el 27 de marzo, fecha en la que finalmente recala la *Descubierta* en dicho puerto.

Bustamante, que todavía estaba por esas fechas en San Blas, no sabía nada de la suerte corrida por Malaspina, por lo que comunica al virrey Revillagigedo su intención de llevar a cabo los reconocimientos ordenados por el Rey en solitario, de no producirse la esperada reunión en fechas propicias para realizarlos conjuntamente.

A su vez Malaspina, ajeno a las nuevas y expresas instrucciones reales acerca de la campaña del norte, comunica al virrey Revillagigedo y a Valdés[16], el mismo día 27 de marzo a su llegada a Acapulco, su intención de suspender la campaña del noroeste en beneficio del reconocimiento de las Sandwich, ya que el retraso de casi un mes provocado en su navegación centroamericana por las persistentes calmas le va a impedir realizar ambos reconocimientos como preveía su plan de viaje inicial.

Pero pocos días después de su llegada, Malaspina recibe, ya en México capital, los pliegos urgentes enviados por correo especial de tierra por Bustamante desde San Blas, comunicándole las nuevas instrucciones reales, por lo que Malaspina convoca urgentemente a Bustamante a la reunión de ambas corbetas en Acapulco para proceder definitivamente a la proyectada campaña del noroeste en los meses siguientes.

Esta reunión se llevará a cabo el día 20 de abril de 1791. Bustamante, además de las instrucciones reales recibidas el 5 de abril y la memoria de Buache, aportó importantes datos geográficos y cartográficos, recibidos en el departamento de San Blas, sobre los recientes viajes españoles a la zona, materiales valiosos, que, reunidos a los recopilados a su vez por Malaspina[17] en México a través del Virrey, proporcionan a la próxima campaña un inmenso y valioso caudal de información acerca del «estado de la cuestión» en esas fechas.

Malaspina utilizará con inteligencia estos materiales para trazar el plan de campaña en colaboración con Bustamante y Bodega y Cuadra. Este último había enviado a Malaspina desde San Blas, el 15 de abril[18], una propuesta muy concreta sobre la derrota más útil para las corbetas en su campaña al norte de California, documento de extraordinario interés dado el conocimiento profundo y experiencias de primera mano que Bodega aportaba para, según escribe a Malaspina, «salir de las dudas que hasta hoy tenemos y formar un exacto plano de ella (de la costa septentrional de California)».

Plan para el reconocimiento de la costa noroeste por las corbetas Descubierta *y* Atrevida

Antes de partir hacia las costas septentrionales de California, dispone Malaspina nuevas «comisiones separadas» relativas a los ramos de Astronomía y Ciencias Naturales e Historia Físico-Política para un mayor aprovechamiento de dichos ramos en el rico ámbito de Nueva España. Así dispone la permanencia en México, bajo la protección del virrey, de una parte de la dotación, subdividida en dos ramos:

Para la Geografía y Astronomía, desembarca a Alcalá-Galiano, Arcadio Pineda, Martín Olavide y Manuel Novales, enfermo todavía, para su recuperación. A esta comisión, provista de instrumentos adecuados e instrucciones precisas[19], le es encomendada la ordenación final de los resultados astronómicos de las campañas realizadas hasta el momento y nuevas mediciones en Nueva España. Todo el ramo quedaba bajo las órdenes directas de Galiano, encargándose Arcadio Pineda de la recopilación documental destinada a la elaboración de la memoria físico-política del virreinato.

Por su parte, el ramo de Historia Natural quedaría constituido por el naturalista Antonio Pineda, responsable de la comisión, el botánico Luis Née, el pintor Guio y el escribiente Julián del Villar. Esta comisión, también con amplias y precisas instrucciones de Malaspina[20], recorrería amplias zonas de Nueva España, hasta Guanajuato, con magníficos resultados en el estudio botánico, zoológico y litológico del territorio.

Por su parte, las dotaciones de las corbetas para la próxima campaña del noroeste quedaban constituidas el día 23 de abril como sigue[21]:

En la *Descubierta:*

Malaspina, Espinosa, Valdés, Quintano, Vernacci, Salamanca y Bauzá como oficiales mayores. Maqueda, Sánchez y Delgado, como pilotos; el naturalista Tadeo Haenke y el contador Arias; José Mesa como capellán y Flores como cirujano. En la *Descubierta* viajaría asimismo el nuevo pintor Suria, de la Academia de Méjico, cedido por el virrey al no haber llegado todavía a México los dos pintores italiano Brambila y Ravenet, recientemente destinados para incorporarse a la expedición.

En la *Atrevida:*

Bustamante, Tova, Concha, Robredo, Cevallos, Viana y Ali Ponzoni como oficiales mayores; Murphy, Inciarte y Hurtado como pilotos; el contador Ezquerra; el capellán Añino y el cirujano González.

El 30 de abril de 1791 Malaspina envía a Bustamante las Instrucciones[22] para la campaña siguiente, que comprendía la comprobación de la existencia del paso de Ferrer Maldonado y la continuación de las tareas hidrográficas en la zona. En ellas Malaspina manifiesta su ánimo de navegar directamente hasta la latitud de 60°: «próximamente en las costas orientales de Alaska, hacia el Cook's River: Regirá para la descripción de la costa la carta que entregó a usted en San Blas el capitán de navío D. Juan de la Bodega; y para la situación astronómica de los mismos puntos, la carta del tercer viaje del capitán Cook [...]»[23], y en estas mismas instrucciones algo más adelante señala: «en el roce con los naturales, que para los progresos de la fisiología e historia natural debemos buscar con eficacia; [...] con los rusos y embarcaciones de cualquiera nación o con el objeto o con el pretexto de la pesca estén hacia aquellas latitudes, deberemos procurar que haya al mismo tiempo la mayor dulzura y seguridad [...]», aunque afirma después «deberemos procurar sí, que no se publique la menor noticia de nuestros reconocimientos [...]».

Señala como punto de reunión, en caso de separación involuntaria, los puertos de Valdés o Revillagigedo según la carta de Bodega y Cuadra. Advierte a Bustamante de los graves riesgos de los terribles remolinos que causaron la pérdida de dos lanchas de La Pérouse en los canales estrechos más septentrionales, causados por el choque de las «vaciantes» o mareas de retorno. Finalmente, y después de encarecerle una investigación prolija si, dice textualmente, «la internación de cualquier canalillo o parecido o diferente de los que describe Ferrer Maldonado diese la menor esperanza de la realidad del paso [...]», le ordena suspender los reconocimientos después del primero de septiembre, por ser esa la fecha límite para poder descender de latitud hacia las costas de California con cierta seguridad, recomendándole en cuanto a disciplina y método de trabajo los mismos observados en las precedentes campañas.

El plan de los reconocimientos decidido finalmente por Malaspina se halla ampliamente expuesto en el oficio que éste dirige a Bustamante el día 21 de mayo de 1791[24], acompañándolo de una carta del trozo de costa que debe reconocerse y sobre la que deberán fijarse los principales reconocimientos de la campaña. Respecto a los topónimos, dice Malaspina[25]: «en la denominación de los diferentes puntos de la costa se han tenido presentes los derechos del primer descubridor y así serán los que rijan precisamente en nuestros diarios, procurando si, aclarar cualesquiera confusiones que se hubiesen producido hasta aquí del ignorar unos de otros [...]».

Con este mismo oficio, le remite seis planos de los parajes reconocidos en las expediciones de 1775 y 1779 desde San Blas, el derrotero de Lope de Haro de las inmediaciones de Onalaska y un vocabulario de los idiomas de los indios de Nutka y Príncipe Guillermo.

Finalmente se señala con precisión el plan de los reconocimientos y derrota preferente: «Un examen más prolijo de los viajes anteriores al nuestro me ha hecho creer que será preferente el reconocimiento del E para el O pues que comúnmente los vientos corren de NE a SE». señalándole ahora, la reunión en caso de que se produzca una separación fortuita, no en la ría de Cook, como antes le indicara, sino en Mulgrave (según la carta de Dixon), puerto más propicio para el repuesto de agua y leña.

El trozo esencial de los reconocimientos debe ser, dice, precisamente el comprendido entre este puerto (Mulgrave) y el cabo FairWeather (Buen Tiempo), fijándose principalmente en la bahía de Bering.

«A este cabo —dice Malaspina— es mi ánimo hacer la recalada si los vientos no estorbasen.»

Para las operaciones sucesivas, sigue diciendo, «tendrá usted presente que son dos los puntos en los cuales ha de fijarse principalmente nuestra atención, después de haber verificado la primera investigación ceñida entre el cabo Fairweather y la entrada del Príncipe Guillermo y son, las entradas representadas en la carta de Quadra por la punta Colnett y la Ría de Ezeta»[26].

Para el tornaviaje a Acapulco, vuelve a encarecerle el retorno en tiempos que garanticen la navegación sin obligarle a invernar en latitudes peligrosas y marcar «con certeza» la latitud y longitud de cabo Mendocino, Monterrey y cabo San Lucas en su derrota hacia Acapulco.

Malaspina hizo su plan, pues, con todo realismo, en función de la amplia información que poseía de los recientes reconocimientos de Dixon y de los españoles desde San Blas, que ampliaban bastante lo reconocido por Cook. Así, desestima la posibilidad de realizar un reconocimiento prolijo de la entrada de Príncipe Guillermo, porque afirma[27]: «Este golfo había sido escrupulosamente examinado en el año anterior por D. Salvador Fidalgo», así como la ría de Cook, en la que «los rusos ya fijados no podían ni ignorar ni ocultar la existencia de un canal de comunicación» si es que hubiera existido en aquellas latitudes. Por todo ello le pareció más útil el reconocimiento de las costas propuestas, sobre todo teniendo en cuenta que Cook las había visto a mucha distancia, por lo que no había podido descubrirlas ni estudiarlas con precisión. De esta manera, su estudio y reconocimiento serían, según Malaspina[28]: «tan útiles a la geografía como honoríficas a la expedición».

Sucesos acaecidos durante los reconocimientos de la costa noroeste

En esta misma obra se publica, a continuación de este texto, un extracto interesantísimo que aún permanecía inédito, escrito por Gutiérrez de la Concha y fechado en Acapulco a su regreso con la *Atrevida* el 17 de octubre de 1791. En él se reflejan todos los acontecimientos relevantes de esta campaña, por lo que parece innecesario detenerse en este punto extensamente. Tan sólo hemos intentado ayudar al lector, proporcionándole una sucinta cronología, para situar los hechos más significativos de estos casi seis meses de campaña:

22 al 27 de junio: Bahía de Bering.

27 de junio al 5 de julio: Puerto Mulgrave.
  -Reconocimiento del cabo Philips e islas de Puerto Mulgrave.
  -Descubrimiento de Puerto Desengaño.
  -Reconocimiento de la bahía de Yakutat.

6 al 9 de junio: Puerto Mulgrave a Príncipe Guillermo.
  -Reconocimientos de cabo Suckling y Bahía Contralor.
  -Reconocimientos de Islas Kayes, Bocas del Príncipe Guillermo y Puerto de Santiago.

11 al 5 de julio: Fuertes vientos.

16 de julio: Costa entre cabo Cañizares y Punta Arcadio.
  -Se descubre que Isla Kayes es una península.

16 al 26 de julio: Fondeo en las inmediaciones de San Elías.

26 de julio: Examen de la costa en la latitud señalada por Buache como entrada del estrecho de Anian.

31 de julio: Cabo San Bartolomé.

1 de agosto: Los vientos les impiden el reconocimiento del archipiélago de San Lázaro.

5 de agosto: Huracán.

14 al 16 de agosto: San Lorenzo de Nutka.

18 al 26 de agosto: Reconocimiento de los canales interiores de Nutka.

27 de agosto al 11 de septiembre: Navegación hacia Monterrey.

12 al 26 de septiembre: Estancia en Monterrey.

27 de septiembre al 6 de octubre: Monterrey a cabo San Lucas.

6 de octubre: Descubierta: San Lucas - San Blas - Acapulco.

6 al 16 de octubre. Atrevida: San Lucas - Acapulco.

Resultados de la campaña de reconocimiento de la costa noroeste[29]

La valoración más clara de los resultados de esta campaña se halla en una carta dirigida por Malaspina al Bailío Valdés[30] el 12 de octubre de 1791 desde San Blas, en el tornaviaje a Acapulco, en ella señala Malaspina, después de resumir los pasos seguidos en la derrota de los primeros meses: «Para el día 28 de julio ya pudimos considerar cumplidas las órdenes de S.M. hallándonos nuevamente delante del monte Buen Tiempo, con la seguridad de que entre este monte y la entrada de Príncipe Guillermo, no hay siquiera un río mediano en la orilla del mar, ni la cordillera interna terraqueamente unida deja la menor esperanza de la existencia de un abra»[31].

Malaspina acompaña este informe con una carta de los reconocimientos efectuados, mediante los cuales, dice, se ha determinado ahora con mayor exactitud la forma de la costa, excluyéndose de ella la Bahía de Bering, erróneamente situada por Cook en su carta, así como el paso entre el continente y la isla Kaye, determinada por la expedición en su real condición de península. Asimismo, añade, se han incluido las nuevas islas de Galiano y Triste en la entrada de Príncipe Guillermo. Se han levantado prolijamente, sigue diciendo, para que puedan ser frecuentadas con mayor conocimiento y seguridad en el futuro, Puerto Mulgrave y sus islas inmediatas, así como el Puerto Desengaño, abra que fue vista en sus inmediaciones.

Malaspina señala como resultados relevantes del viaje las experiencias de gravedad llevadas a cabo con el péndulo simple en latitudes de 59°34', así como los estudios botánicos y lito-lógicos llevados a cabo por el naturalista Tadeo Haenke y los reconocimientos realizados en Nutka, donde permanecieron 15 días, la estancia más larga en tierra de la campaña. De los estudios realizados durante este tiempo, resalta Malaspina, especialmente, las experiencias del péndulo simple, el reconocimiento de los canales interiores y las amplias noticias adquiridas acerca de la religión, leyes y costumbres de los naturales, recalcando con énfasis el carácter completamente pacífico que, en general, se había mantenido con ellos en todo momento, así como la interesante documentación recogida para el Real Gabinete y las representaciones de D. Tomás Suria, destinadas, dice Malaspina, a ilustrar «todo lo que en la Relación histórica del viaje mereciese para su mayor inteligencia el auxilio del buril»[32].

Respecto a los nombres reflejados en la carta, explica Malaspina al ministro: «se han suje-tado en parte a los del Capitán Cook y del Cap. Dixon, pero se ha variado cuando, o los habían puesto al mismo tiempo nuestros navegantes o el paraje a que estaban apropiados, no era bien reconocido»[33].

Importantes resultados sin duda, que reunidos, ya en Acapulco, a los logrados por las comisiones destacadas en Nueva España, generan la más importante remesa de materiales enviada a la Corte de todo el viaje[34].

Pero no serán éstos los únicos resultados de la estancia de la expedición en Nueva España. Además de la abundante cartografía levantada y de los numerosísimos diarios de mar y tierra, de los estudios botánicos, litológicos y etnográficos, del estudio del clima y de la fauna, se recoge amplísima documentación para la memoria política de la Nueva España y de las Provin-cias Internas, del estado de las misiones y de la actividad y situación del comercio interior y exterior, de las comunicaciones y de la evolución demográfica. Se elaboran estudios impor-tantes acerca de los reales mineros y sus sistemas de explotación, se investigan las instituciones científicas y académicas, las antigüedades arqueólogicas y el urbanismo del inmenso virreinato.

A partir de esta inmensa información acumulada en los meses de permanencia de la expe-dición en Nueva España, elabora Malaspina también varias memorias de gran valor, una relativa al examen político de las costas del noroeste[35], otra sobre la descripción física[36], una más sobre el comercio de la piel de nutria[37] y unas importantísimas «Reflexiones sobre un puerto en la costa occidental de la Nueva España para reunión de las fuerzas navales en el Pacífico»[38], de enorme relevancia, que tendrán influencia decisiva en el traslado del departamento de San Blas al Puerto de Acapulco, ya que en él Malaspina señala al Virrey el alto costo de la construcción naval en San Blas y la insalubridad de las condiciones de vida a las que se ve sometida la población allí establecida, pero sobre todo, analiza exhaustivamente las malas condiciones hidrográficas de San Blas y los problemas que presenta para tomarlo en las distintas estaciones, su escaso fondo para el calado necesario a la nao de Filipinas y las temibles dificultades que plantea para la carena en caso de emergencia. Se extiende a continuación Malaspina en describir las ventajas de Acapulco, que lo acercan a las condiciones de las bases establecidas en «Bombay» por los ingleses, «Batabia» por los holandeses o «Isla de Francia» por los franceses. Malaspina presenta, en definitiva, el traslado del departamento de San Blas a Acapulco como la única y adecuada opción para equilibrar las fuerzas navales españolas en el Pacífico a las de aquellas naciones.

La comisión de las goletas Sutil y Mexicana al reconocimiento de los canales interiores de Fuca en 1792

Se han incluido en este «Álbum iconográfico de la Expedición Malaspina en la costa noroeste» las ilustraciones realizadas por José Cardero durante los reconocimientos llevados a cabo en el estrecho de Juan de Fuca en 1792 por Galiano y Valdés, con las goletas *Sutil* y *Mexicana*. Las razones son muy claras y se exponen a continuación:

Esta comisión dimana de la propia expedición Malaspina y es llevada a cabo por oficiales de dicha expedición segregados para estos reconocimientos, con expresa autorización del virrey[39], con instrucciones del propio Malaspina[40] y recursos correspondientes a la misma expedición[41] y efectivamente como tal comisión «dimanada» de la de Malaspina fue considerada por el Virrey y por la Corte, incorporándose nuevamente los oficiales, una vez finalizada esta, a su regreso a la Corte, al equipo de oficiales destacado en Madrid por Malaspina para la redacción final del viaje, en cuyo proyecto[42] figuraban los reconocimientos de Galiano y Valdés con la *Sutil* y *Mexicana* como parte integrante de la obra final.

El proceso de Malaspina aconsejó a Galiano y Valdés presentar, más tarde, este viaje como separado del resto, salvándolo así para el conocimiento público del general secuestro ordenado por Godoy para el resto de los materiales del gran viaje ilustrado, lográndose efectivamente su publicación por la Imprenta Real en 1802, siendo ya director del Depósito Hidrográfico, José Espinosa y Tello.

Por todo ello hemos considerado imprescindible reunir la documentación gráfica perteneciente a las dos campañas, la de 1791 con las corbetas *Descubierta* y *Atrevida*, y la de 1792 al estrecho de Juan de Fuca de las goletas Sutil y Mexicana. Sólo así, reunida la imagen gráfica de este gran proyecto ilustrado, quedaba completa, respetándose el proyecto inicial para la publicación total del viaje por Malaspina.

NOTAS

(1) "Plan de un viaje político y científico alrededor del mundo". 10 de septiembre de 1788. Museo Naval. Ms. 1826. Folios 1-5v.
(2) Museo Naval. Ms. 583. Folios 5-7.
(3) Museo Naval. Ms. 1826. Folios 1-5.
(4) Museo Naval. Ms. 583. Folio 32v.
(5) Museo Naval. Ms. 281. Folio 25.
(6) Museo Naval. Ms. 278. Folio 44.
(7) Museo Naval. Ms. 278. Folios 6-6v.
(8) Museo Naval. Ms. 583. Folio 46.
(9) Espinosa y Tello extracta este documento en el Archivo de Indias en mayo de 1789 a partir de una copia realizada por J. F. Muñoz en la Biblioteca del Excmo. Sr. Duque del Infantado, donde se conservaba la relación original. Véase Museo Naval. Ms. 1777, folios 1 a 14.
(10) Museo Naval. Ms. 583. Folios 47v-48.
(11) Museo Naval. Ms. 278. Folio 53.
(12) Museo Naval. Ms. 427. Folios 71v-73.
(13) Diario de Bustamante y Guerra. Archivo del Ministerio de Asuntos Exteriores. Ms. 13.
(14) Las órdenes reales estaban fechadas el 23 de diciembre de 1790, apenas un mes después de haber leído Buache su memoria en la Academia de París.
(15) Archivo del Ministerio de Asuntos Exteriores. Ms. 13. folio 111v.
(16) Museo Naval. Ms. 583. Folio 83v.
(17) Museo Naval. Ms. 280. Folios 85-86v.
(18) Museo Naval. Ms. 332. Folios 167-173v.
(19) Museo Naval. Ms. 427. Folios 77v.-80.
(20) Museo Naval. Ms. 427. Folios 75-77v.
(21) Museo Naval. Ms. 610. Folios 279-279v.
(22) Museo Naval. Ms. 427. Folios 83-84.
(23) Instrucción de Malaspina a Bustamante de 30 de abril de 1791. Museo Naval. Ms. 427. Folio 83v.
(24) Museo Naval. Ms. 427. Folios 89-90.
(25) Museo Naval. Ms. 427. Folio 89.
(26) Sobre estas entradas existía inormación que hacía previsible su navegabilidad, en el caso de Colnett, Martínez había hecho navegar una goleta en el año 1789 y de la segunda habrá afirmado haberse internado por ella el inglés Etches en 1788, descubriendo un gran golfo en su interior.
(27) Escrito de Malaspina al virrey Revillagigedo desde San Blas. Museo Naval. Ms. 583. Folio 88v.
(28) Museo Naval. Ms. 427. Folio 90.
(29) Para la información acerca de la abundante documentación conservada, véase: Higueras Rodríguez, María Dolores: *Catálogo crítico de los documentos de la Expedición Malaspina (1789-1794) en el Museo Naval*. 3 vol. Madrid, 1985-1990.
(30) Museo Naval. Ms. 583. Folios 88v-89v.
(31) Museo Naval. Ms. 583. Folio 89.
(32) Museo Naval. Ms. 583. Folio 89v.
(33) Museo Naval. Ms. 583. Folio 89.
(34) Véase Museo Naval. Ms. 92 bis. Folios 83-87v.
(35) Véase Museo Naval. Ms. 92 bis. Folios 83-87v.
(36) Museo Naval. Ms. 633. Folios 73-96v.
(37) Museo Naval. Ms. 335. Folios 57-62v.
(38) Museo Naval. Ms. 336. Folios 5-10v.
(39) Véase Museo Naval. Ms. 610. Folios 1-7v.
(40) Véase Museo Naval. Ms. 583. Folio 100.
(41) Véase Malaspina. Discurso preliminar. Museo Naval. Ms. 314. Folios 131-146.

Por Lunwerg Editores:

Director General: Juan Carlos Luna
Director de Arte: Andrés Gamboa
Director Técnico: Santiago Carregal
Maquetación: Elisa Cid
Traducción: Dominic Currin
Reproducciones fotográficas: Joaquín Cortés
Deseamos hacer constar nuestro agradecimiento a Carmen Sanz, por la
transcripción del texto de Juan Gutiérrez de la Concha y al Museo América.